PRÉFACE

La collection de guides de conversation "Tout ira bien!", publié par T&P Books, est conçue pour les gens qui voyagent par affaire ou par plaisir. Les guides de conversations contiennent le plus important - l'essentiel pour la communication de base. Il s'agit d'une série indispensable de phrases pour survivre à l'étranger.

Ce guide de conversation vous aidera dans la plupart des cas où vous devez demander quelque chose, trouver une direction, découvrir le prix d'un souvenir, etc. Il peut aussi résoudre des situations de communication difficile lorsque la gesticulation n'aide pas.

Le livre contient beaucoup de phrases qui ont été groupées par thèmes. Vous trouverez aussi un vocabulaire des 3000 mots les plus couramment utilisés. Une autre section du guide contient un glossaire gastronomique qui peut être utile lorsque vous faites le marché ou commandez des plats au restaurant.

Emmenez avec vous un guide de conversation "Tout ira bien!" sur la route et vous aurez un compagnon de voyage irremplaçable qui vous aidera à vous sortir de toutes les situations et vous enseignera à ne pas avoir peur de parler aux étrangers.

TABLE DES MATIÈRES

Prononciation	5
Liste des abréviations	7
Guide de conversation Français-Turc	9
Vocabulaire thématique	73
Glossaire gastronomique	193

T&P Books Publishing

Guide de conversation Français-Turc et vocabulaire thématique de 3000 mots

Par Andrey Taranov

La collection de guides de conversation "Tout ira bien!", publiée par T&P Books, est conçue pour les gens qui voyagent par affaire ou par plaisir. Les guides contiennent l'essentiel pour la communication de base. Il s'agit d'une série indispensable de phrases pour "survivre" à l'étranger.

Ce livre inclut un dictionnaire thématique qui contient près de 3000 des mots les plus fréquemment utilisés. Une autre section du guide contient un glossaire gastronomique qui peut être utile lorsque vous faites le marché ou commandez des plats au restaurant.

T&P Books Publishing
www.tpbooks.com

ISBN: 978-1-78492-564-2

Ce livre existe également en format électronique.
Pour plus d'informations, veuillez consulter notre site: www.tpbooks.com
ou rendez-vous sur ceux des grandes librairies en ligne.

PRONONCIATION

Lettre	Exemple en turc	Alphabet phonétique T&P	Exemple en français

Voyelles

A a	ada	[a]	classe
E e	eş	[e]	équipe
I ı	tıp	[ı]	capital
İ i	isim	[i]	stylo
O o	top	[ɔ]	robinet
Ö ö	ödül	[ø]	peu profond
U u	mum	[u]	boulevard
Ü ü	süt	[y]	Portugal

Consonnes

B b	baba	[b]	bureau
C c	cam	[ʤ]	adjoint
Ç ç	çay	[ʧ]	match
D d	diş	[d]	document
F f	fikir	[f]	formule
G g	güzel	[g]	gris
Ğ ğ [1]	oğul		muet
Ğ ğ [2]	öğle vakti	[j]	maillot
H h	hata	[h]	h aspiré
J j	jest	[ʒ]	jeunesse
K k	komşu	[k]	bocal
L l	lise	[l]	vélo
M m	meydan	[m]	minéral
N n	neşe	[n]	ananas
P p	posta	[p]	panama
R r	rakam	[r]	racine
S s	sabah	[s]	syndicat
Ş ş	şarkı	[ʃ]	chariot
T t	tren	[t]	tennis

Lettre	Exemple en turc	Alphabet phonétique T&P	Exemple en français
V v	vazo	[v]	rivière
Y y	yaş	[j]	maillot
Z z	zil	[z]	gazeuse

Remarques

* Ww, Xx : caractères employés uniquement dans les mots d'origine étrangère
[1] muet après les voyelles dures (a, ı, o, u) et allonge cette voyelle
[2] après les voyelles douces (e, i, ö, ü)

LISTE DES ABRÉVIATIONS

Abréviations en français

adj	-	adjective
adv	-	adverbe
anim.	-	animé
conj	-	conjonction
dénombr.	-	dénombrable
etc.	-	et cetera
f	-	nom féminin
f pl	-	féminin pluriel
fam.	-	familiar
fem.	-	féminin
form.	-	formal
inanim.	-	inanimé
indénombr.	-	indénombrable
m	-	nom masculin
m pl	-	masculin pluriel
m, f	-	masculin, féminin
masc.	-	masculin
math	-	mathematics
mil.	-	militaire
pl	-	pluriel
prep	-	préposition
pron	-	pronom
qch	-	quelque chose
qn	-	quelqu'un
sing.	-	singulier
v aux	-	verbe auxiliaire
v imp	-	verbe impersonnel
vi	-	verbe intransitif
vi, vt	-	verbe intransitif, transitif
vp	-	verbe pronominal
vt	-	verbe transitif

T&P BOOKS

GUIDE DE CONVERSATION TURC

Cette section contient
des phrases importantes
qui peuvent être utiles dans
des situations courantes.
Le guide vous aidera
à demander des directions,
clarifier le prix, acheter
des billets et commander
des plats au restaurant

T&P Books Publishing

CONTENU DU GUIDE DE CONVERSATION

Les essentiels	12
Questions	15
Besoins	16
Comment demander la direction	18
Affiches, Pancartes	20
Transport - Phrases générales	22
Acheter un billet	24
L'autobus	26
Train	28
Sur le train - Dialogue (Pas de billet)	29
Taxi	30
Hôtel	32
Restaurant	35
Shopping. Faire les Magasins	37
En ville	39
L'argent	41

Le temps	43
Salutations - Introductions	45
Les adieux	47
Une langue étrangère	49
Les excuses	50
Les accords	51
Refus, exprimer le doute	52
Exprimer la gratitude	54
Félicitations. Vœux de fête	56
Socialiser	57
Partager des impressions. Émotions	60
Problèmes. Accidents	62
Problèmes de santé	65
À la pharmacie	68
Les essentiels	70

T&P Books Publishing

Les essentiels

Excusez-moi, ...	**Affedersiniz, ...** [affedɛrsiniz, ...]
Bonjour	**Merhaba.** [mɛrhaba]
Merci	**Teşekkürler.** [tɛʃekkyrlɛr]
Au revoir	**Hoşça kalın.** [hoʃtʃa kalın]
Oui	**Evet.** [ɛvet]
Non	**Hayır.** [hajır]
Je ne sais pas.	**Bilmiyorum.** [bilmijorum]
Où? | Où? | Quand?	**Nerede? | Nereye? | Ne zaman?** [nɛrɛdɛ? | nɛrɛje? | nɛ zaman?]

J'ai besoin de ...	**Bana ... lazım.** [bana ... lazım]
Je veux ...	**... istiyorum.** [... istijorum]
Avez-vous ... ?	**Sizde ... var mı?** [sizdɛ ... var mı?]
Est-ce qu'il y a ... ici?	**Burada ... var mı?** [burada ... var mı?]
Puis-je ... ?	**... yapabilir miyim?** [... japabilir mijim?]
s'il vous plaît (pour une demande)	**..., lütfen** [..., lytfɛn]

Je cherche ...	**Ben ... arıyorum.** [ben ... arıjorum]
les toilettes	**tuvaleti** [tuvaleti]
un distributeur	**bankamatik** [bankamatik]
une pharmacie	**eczane** [ɛdʒzane]
l'hôpital	**hastane** [hastanɛ]
le commissariat de police	**karakolu** [karakolu]
une station de métro	**metroyu** [metroju]

un taxi	**taksi** [taksi]
la gare	**tren istasyonunu** [tren istasjonunu]

Je m'appelle ...	**Benim adım ...** [benim adım ...]
Comment vous appelez-vous?	**Adınız nedir?** [adınız nɛdir?]
Aidez-moi, s'il vous plaît.	**Bana yardım edebilir misiniz, lütfen?** [bana jardım ɛdɛbilir misiniz, lytfɛn?]
J'ai un problème.	**Bir sorunum var.** [bir sorunum var]
Je ne me sens pas bien.	**Kendimi iyi hissetmiyorum.** [kendimi iji hissɛtmijorum]
Appelez une ambulance!	**Ambulans çağırın!** [ambulans tʃaːırın!]
Puis-je faire un appel?	**Telefonunuzdan bir arama yapabilir miyim?** [tɛlefonunuzdan bir arama japabilir mijim?]

Excusez-moi.	**Üzgünüm.** [yzgynym]
Je vous en prie.	**Rica ederim.** [ridʒa ɛdɛrim]

je, moi	**Ben, bana** [ben, bana]
tu, toi	**sen** [sen]
il	**o** [o]
elle	**o** [o]
ils	**onlar** [onlar]
elles	**onlar** [onlar]
nous	**biz** [biz]
vous	**siz** [siz]
Vous	**siz** [siz]

ENTRÉE	**GİRİŞ** [giriʃ]
SORTIE	**ÇIKIŞ** [tʃikiʃ]
HORS SERVICE | EN PANNE	**HİZMET DIŞI** [hizmɛt diʃi]

FERMÉ	**KAPALI** [kapali]
OUVERT	**AÇIK** [atʃik]
POUR LES FEMMES	**KADINLAR İÇİN** [kadinlar itʃin]
POUR LES HOMMES	**ERKEKLER İÇİN** [ɛrkeklɛr itʃin]

Questions

Où? (lieu)	**Nerede?** [nɛrɛdɛ?]
Où? (direction)	**Nereye?** [nɛrɛje?]
D'où?	**Nereden?** [nɛrɛdɛn?]
Pourquoi?	**Neden?** [nɛdɛn?]
Pour quelle raison?	**Niçin?** [niʧin?]
Quand?	**Ne zaman?** [nɛ zaman?]
Combien de temps?	**Ne kadar sürdü?** [nɛ kadar syrdy?]
À quelle heure?	**Ne zaman?** [nɛ zaman?]
C'est combien?	**Ne kadar?** [nɛ kadar?]
Avez-vous … ?	**Sizde … var mı?** [sizdɛ … var mı?]
Où est …, s'il vous plaît?	**… nerede?** [… nɛrɛdɛ?]
Quelle heure est-il?	**Saat kaç?** [saat kaʧ?]
Puis-je faire un appel?	**Telefonunuzdan bir arama yapabilir miyim?** [tɛlefonunuzdan bir arama japabilir mijim?]
Qui est là?	**Kim o?** [kim o?]
Puis-je fumer ici?	**Burada sigara içebilir miyim?** [burada sigara iʧɛbilir mijim?]
Puis-je …?	**… yapabilir miyim?** [… japabilir mijim?]

Besoins

Je voudrais ...	... istiyorum. [... istijorum]
Je ne veux pas ...	... istemiyorum. [... istɛmijorum]
J'ai soif.	Susadım. [susadım]
Je veux dormir.	Uyumak istiyorum. [ujumak istijorum]

Je veux ...	... istiyorum. [... istijorum]
me laver	Elimi yüzümü yıkamak [ɛlimi jyzymy jıkamak]
brosser mes dents	Dişlerimi fırçalamak [diʃlerimi fırtʃalamak]
me reposer un instant	Biraz dinlenmek [biraz dinlenmek]
changer de vêtements	Üstümü değiştirmek [ystymy dɛ:iʃtirmek]

retourner à l'hôtel	Otele geri dönmek [otɛle geri dønmek]
acheter ...	... satın almak [... satın almak]
aller à ...	... gitmek [... gitmek]
visiter ...	... ziyaret etmek [... zijarɛt ɛtmek]
rencontrer ...	... ile buluşmak [... ile buluʃmak]
faire un appel	Bir arama yapmak [bir arama japmak]

Je suis fatigué /fatiguée/	Yorgunum. [jorgunum]
Nous sommes fatigués /fatiguées/	Yorgunuz. [jorgunuz]
J'ai froid.	Üşüdüm. [yʃydym]
J'ai chaud.	Sıcakladım. [sıdʒakladım]
Je suis bien.	İyiyim. [ijijim]

Il me faut faire un appel.

Telefon etmem lazım.
[tɛlefon ɛtmɛm lazım]

J'ai besoin d'aller aux toilettes.

Lavaboya gitmem lazım.
[lavaboja gitmɛm lazım]

Il faut que j'aille.

Gitmem gerek.
[gitmɛm gerek]

Je dois partir maintenant.

Artık gitmem gerek.
[artık gitmɛm gerek]

Comment demander la direction

Excusez-moi, ...

Où est ..., s'il vous plaît?

Dans quelle direction est ... ?

Pouvez-vous m'aider, s'il vous plaît ?

Affedersiniz, ...
[affedɛrsiniz, ...]

... nerede?
[... nɛrɛdɛ?]

... ne tarafta?
[... nɛ tarafta?]

Bana yardımcı olabilir misiniz, lütfen?
[bana jardımdʒı olabilir misiniz, lytfɛn?]

Je cherche ...

La sortie, s'il vous plaît?

Je vais à ...

C'est la bonne direction pour ...?

... arıyorum.
[... arıjorum]

Çıkışı arıyorum.
[tʃıkıʃı arıjorum]

... gidiyorum.
[... gidijorum]

... gitmek için doğru yolda mıyım?
[... gitmek itʃin do:ru jolda mıjım?]

C'est loin?

Est-ce que je peux y aller à pied?

Pouvez-vous me le montrer sur la carte?

Montrez-moi où sommes-nous,
s'il vous plaît.

Uzak mıdır?
[uzak mıdır?]

Oraya yürüyerek gidebilir miyim?
[oraja jyryjerek gidɛbilir mijim?]

Yerini haritada gösterebilir misiniz?
[jerini haritada gøstɛrebilir misiniz?]

**Şu an nerede olduğumuzu
gösterir misiniz?**
[ʃu an nɛrɛdɛ oldu:umuzu
gøstɛrir misiniz?]

Ici

Là-bas

Par ici

Burada
[burada]

Orada
[orada]

Bu taraftan
[bu taraftan]

Tournez à droite.

Tournez à gauche.

Prenez la première
(deuxième, troisième) rue.

à droite

Sağa dönün.
[sa:a dønyn]

Sola dönün.
[sola dønyn]

ilk (ikinci, üçüncü) çıkış
[ilk (ikindʒi, ytʃyndʒy) tʃıkıʃ]

sağa
[sa:a]

à gauche

sola
[sola]

Continuez tout droit.

Dümdüz gidin.
[dymdyz gidin]

Affiches, Pancartes

BIENVENUE!	**HOŞ GELDİNİZ!** [hoʃ gɛldiniz!]
ENTRÉE	**GİRİŞ** [giriʃ]
SORTIE	**ÇIKIŞ** [ʧikiʃ]

POUSSEZ	**İTİNİZ** [itiniz]
TIREZ	**ÇEKİNİZ** [ʧekiniz]
OUVERT	**AÇIK** [aʧik]
FERMÉ	**KAPALI** [kapali]

POUR LES FEMMES	**BAYAN** [bajan]
POUR LES HOMMES	**BAY** [baj]
MESSIEURS (M)	**BAY** [baj]
FEMMES (F)	**BAYAN** [bajan]

RABAIS | SOLDES	**İNDİRİM** [indirim]
PROMOTION	**İNDİRİM** [indirim]
GRATUIT	**BEDAVA** [bedava]
NOUVEAU!	**YENİ!** [jeni!]
ATTENTION!	**DİKKAT!** [dikkat!]

COMPLET	**BOŞ YER YOK** [boʃ jer jok]
RÉSERVÉ	**REZERVE** [rezɛrvɛ]
ADMINISTRATION	**MÜDÜRİYET** [mydyrijet]
PERSONNEL SEULEMENT	**PERSONEL HARİCİ GİRİLMEZ** [personɛl haridʒi girilmɛz]

ATTENTION AU CHIEN!	**DİKKAT KÖPEK VAR!** [dikkat køpek var!]
NE PAS FUMER!	**SİGARA İÇMEK YASAKTIR!** [sigara itʃmek jasaktir!]
NE PAS TOUCHER!	**DOKUNMAYINIZ!** [dokunmajiniz!]
DANGEREUX	**TEHLİKELİ** [tehlikɛli]
DANGER	**TEHLİKE** [tehlikɛ]
HAUTE TENSION	**YÜKSEK GERİLİM** [jyksek gerilim]
BAIGNADE INTERDITE!	**YÜZMEK YASAKTIR!** [jyzmek jasaktir!]

HORS SERVICE | EN PANNE	**HİZMET DIŞI** [hizmɛt diʃi]
INFLAMMABLE	**YANICI** [janidʒi]
INTERDIT	**YASAK** [jasak]
ENTRÉE INTERDITE!	**GİRİLMEZ!** [girilmɛz!]
PEINTURE FRAÎCHE	**YENİ BOYANMIŞ ALAN** [jeni bojanmiʃ alan]

FERMÉ POUR TRAVAUX	**TADİLAT SEBEBİYLE KAPALIDIR** [tadilat sebɛbijlɛ kapalidir]
TRAVAUX EN COURS	**İLERİDE YOL ÇALIŞMASI VAR** [ileridɛ jol tʃaliʃmasi var]
DÉVIATION	**TALİ YOL** [tali jol]

Transport - Phrases générales

avion	**uçak** [utʃak]
train	**tren** [tren]
bus, autobus	**otobüs** [otobys]
ferry	**feribot** [feribot]
taxi	**taksi** [taksi]
voiture	**araba** [araba]

horaire	**tarife** [tarifɛ]
Où puis-je voir l'horaire?	**Tarifeyi nereden görebilirim?** [tarifɛjí nɛrɛdɛn gørebilirim?]
jours ouvrables	**haftaiçi** [hafta itʃi]
jours non ouvrables	**haftasonu** [hafta sonu]
jours fériés	**tatil günleri** [tatil gynleri]

DÉPART	**KALKIŞ** [kalkiʃ]
ARRIVÉE	**VARIŞ** [variʃ]
RETARDÉE	**RÖTARLI** [røtarli]
ANNULÉE	**İPTAL** [iptal]

prochain (train, etc.)	**bir sonraki** [bir sonraki]
premier	**ilk** [ilk]
dernier	**son** [son]

À quelle heure est le prochain ...?	**Bir sonraki ... ne zaman?** [bir sonraki ... nɛ zaman?]
À quelle heure est le premier ...?	**İlk ... ne zaman?** [ilk ... nɛ zaman?]

À quelle heure est le dernier ...? **Son ... ne zaman?**
[son ... nɛ zaman?]

correspondance **aktarma**
[aktarma]

prendre la correspondance **aktarma yapmak**
[aktarma japmak]

Dois-je prendre la correspondance? **Aktarma yapmam gerekiyor mu?**
[aktarma japmam gerekijor mu?]

Acheter un billet

Où puis-je acheter des billets?	**Nereden bilet alabilirim?** [nɛrɛdɛn bilet alabilirim?]
billet	**bilet** [bilet]
acheter un billet	**bilet almak** [bilet almak]
le prix d'un billet	**bilet fiyatı** [bilet fijatı]

Pour aller où?	**Nereye?** [nɛrɛje?]
Quelle destination?	**Hangi istasyona?** [hangi istasjona?]
Je voudrais ...	**Bana ... lazım.** [bana ... lazım]
un billet	**bir bilet** [bir bilet]
deux billets	**iki bilet** [iki bilet]
trois billets	**üç bilet** [yʧ bilet]

aller simple	**tek yön** [tek jøn]
aller-retour	**gidiş-dönüş** [gidiʃ-dønyʃ]
première classe	**birinci sınıf** [birinʤi sınıf]
classe économique	**ikinci sınıf** [ikinʤi sınıf]

aujourd'hui	**bugün** [bugyn]
demain	**yarın** [jarın]
après-demain	**yarından sonraki gün** [jarından sonraki gyn]
dans la matinée	**sabah** [sabah]
l'après-midi	**öğleden sonra** [øːøledɛn sonra]
dans la soirée	**akşam** [akʃam]

siège côté couloir

koridor tarafı koltuk
[koridor tarafı koltuk]

siège côté fenêtre

pencere kenarı koltuk
[pendʒɛrɛ kɛnarı koltuk]

C'est combien?

Ne kadar?
[nɛ kadar?]

Puis-je payer avec la carte?

Kredi kartıyla ödeyebilir miyim?
[krɛdi kartıjla ødejebilir mijim?]

L'autobus

bus, autobus	**otobüs** [otobys]
autocar	**şehirler arası otobüs** [ʃɛhirlɛr arası otobys]
arrêt d'autobus	**otobüs durağı** [otobys dura:ı]
Où est l'arrêt d'autobus le plus proche?	**En yakın otobüs durağı nerede?** [ɛn jakın otobys dura:ı nɛrɛdɛ?]
numéro	**numara** [numara]
Quel bus dois-je prendre pour aller à ...?	**... gitmek için hangi otobüse binmem lazım?** [... gitmek itʃin hangi otobysɛ binmem lazım?]
Est-ce que ce bus va à ...?	**Bu otobüs ... gider mi?** [bu otobys ... gidɛr mi?]
L'autobus passe tous les combien?	**Ne sıklıkta otobüs var?** [nɛ sıklıkta otobys var?]
chaque quart d'heure	**on beş dakikada bir** [on beʃ dakikada bir]
chaque demi-heure	**her yarım saatte bir** [hɛr jarım saattɛ bir]
chaque heure	**saat başı** [saat baʃı]
plusieurs fois par jour	**günde birçok sefer** [gyndɛ birtʃok sefɛr]
... fois par jour	**günde ... kere** [gyndɛ ... kerɛ]
horaire	**tarife** [tarifɛ]
Où puis-je voir l'horaire?	**Tarifeyi nereden görebilirim?** [tarifɛji nɛrɛdɛn gørebilirim?]
À quelle heure passe le prochain bus?	**Bir sonraki otobüs ne zaman?** [bir sonraki otobys nɛ zaman?]
À quelle heure passe le premier bus?	**İlk otobüs ne zaman?** [ilk otobys nɛ zaman?]
À quelle heure passe le dernier bus?	**Son otobüs ne zaman?** [son otobys nɛ zaman?]
arrêt	**durak** [durak]

prochain arrêt	**sonraki durak**
	[sonraki durak]
terminus	**son durak**
	[son durak]
Pouvez-vous arrêter ici, s'il vous plaît.	**Burada durun lütfen.**
	[burada durun lytfɛn]
Excusez-moi, c'est mon arrêt.	**Affedersiniz, bu durakta ineceğim.**
	[affedɛrsiniz, bu durakta inedʒɛ:im]

Train

train	**tren** [tren]
train de banlieue	**banliyö treni** [banlijø treni]
train de grande ligne	**uzun mesafe treni** [uzun mesafɛ treni]
la gare	**tren istasyonu** [tren istasjonu]
Excusez-moi, où est la sortie vers les quais?	**Affedersiniz, perona nasıl gidebilirim?** [affedɛrsiniz, pɛrona nasıl gidɛbilirim?]
Est-ce que ce train va à …?	**Bu tren … gider mi?** [bu tren … gidɛr mi?]
le prochain train	**bir sonraki tren** [bir sonraki tren]
À quelle heure est le prochain train?	**Bir sonraki tren ne zaman?** [bir sonraki tren nɛ zaman?]
Où puis-je voir l'horaire?	**Tarifeyi nereden görebilirim?** [tarifɛji nɛrɛdɛn gørebilirim?]
De quel quai?	**Hangi perondan?** [hangi perondan?]
À quelle heure arrive le train à …?	**Tren … ne zaman varır?** [tren … nɛ zaman varır?]
Pouvez-vous m'aider, s'il vous plaît?	**Lütfen bana yardımcı olur musunuz?** [lytfɛn bana jardımdʒı olur musunuz?]
Je cherche ma place.	**Yerimi arıyorum.** [jerimi arıjorum]
Nous cherchons nos places.	**Yerlerimizi arıyoruz.** [jerlerimizi arıjoruz]
Ma place est occupée.	**Yerimde başkası oturuyor.** [jerimdɛ baʃkası oturujor]
Nos places sont occupées.	**Yerlerimizde başkaları oturuyor.** [jerlerimizdɛ baʃkaları oturujor]
Excusez-moi, mais c'est ma place.	**Affedersiniz, bu benim koltuğum.** [affedɛrsiniz, bu benim koltu:um]
Est-ce que cette place est libre?	**Bu koltuk boş mu?** [bu koltuk boʃ mu?]
Puis-je m'asseoir ici?	**Buraya oturabilir miyim?** [buraja oturabilir mijim?]

Sur le train - Dialogue (Pas de billet)

Votre billet, s'il vous plaît.	**Bilet, lütfen.** [bilet, lytfɛn]
Je n'ai pas de billet.	**Biletim yok.** [biletim jok]
J'ai perdu mon billet.	**Biletimi kaybettim.** [biletimi kajbɛttim]
J'ai oublié mon billet à la maison.	**Biletimi evde unuttum.** [biletimi evdɛ unuttum]

Vous pouvez m'acheter un billet.	**Biletinizi benden alabilirsiniz.** [biletinizi bɛndɛn alabilirsiniz]
Vous devrez aussi payer une amende.	**Ceza da ödemek zorundasınız.** [dʒɛza da ødɛmek zorundasınız]
D'accord.	**Tamam.** [tamam]
Où allez-vous?	**Nereye gidiyorsunuz?** [nɛrɛje gidijorsunuz?]
Je vais à ...	**... gidiyorum.** [... gidijorum]

Combien? Je ne comprend pas.	**Ne kadar? Anlamıyorum.** [nɛ kadar? anlamıjorum]
Pouvez-vous l'écrire, s'il vous plaît.	**Yazar mısınız, lütfen?** [jazar mısınız, lytfɛn?]
D'accord. Puis-je payer avec la carte?	**Tamam. Kredi kartıyla ödeyebilir miyim?** [tamam. krɛdi kartıjla ødejebilir mijim?]
Oui, bien sûr.	**Evet, olur.** [ɛvet, olur]

Voici votre reçu.	**Buyrun, makbuzunuz.** [bujrun, makbuzunuz]
Désolé pour l'amende.	**Ceza için üzgünüm.** [dʒɛza itʃin yzgynym]
Ça va. C'est de ma faute.	**Önemli değil. Benim hatamdı.** [ønemli dɛ:il. benim hatamdı]
Bon voyage.	**İyi yolculuklar.** [iji joldʒuluklar]

Taxi

taxi	**taksi** [taksi]
chauffeur de taxi	**taksi şoförü** [taksi ʃoføry]
prendre un taxi	**taksiye binmek** [taksije binmek]
arrêt de taxi	**taksi durağı** [taksi duraːɯ]
Où puis-je trouver un taxi?	**Nereden taksiye binebilirim?** [nɛrɛdɛn taksije binɛbilirim?]
appeler un taxi	**taksi çağırmak** [taksi tʃaːɯrmak]
Il me faut un taxi.	**Bana bir taksi lazım.** [bana bir taksi lazɯm]
maintenant	**Hemen şimdi.** [hemɛn ʃimdi]
Quelle est votre adresse?	**Adresiniz nedir?** [adrɛsiniz nɛdir?]
Mon adresse est ...	**Adresim ...** [adrɛsim ...]
Votre destination?	**Nereye gideceksiniz?** [nɛrɛje gidɛdʒeksiniz?]
Excusez-moi, ...	**Affedersiniz, ...** [affedɛrsiniz, ...]
Vous êtes libre ?	**Müsait misiniz?** [mysait misiniz?]
Combien ça coûte pour aller à ...?	**... gitmek ne kadar tutar?** [... gitmek nɛ kadar tutar?]
Vous savez où ça se trouve?	**Nerede olduğunu biliyor musunuz?** [nɛrɛdɛ olduːunu bilijor musunuz?]
À l'aéroport, s'il vous plaît.	**Havalimanı, lütfen.** [havalimanı, lytfɛn]
Arrêtez ici, s'il vous plaît.	**Burada durun, lütfen.** [burada durun, lytfɛn]
Ce n'est pas ici.	**Burası değil.** [burası dɛːil]
C'est la mauvaise adresse.	**Bu adres yanlış.** [bu adres janlıʃ]
tournez à gauche	**Sola dönün.** [sola dønyn]
tournez à droite	**Sağa dönün.** [saːa dønyn]

Combien je vous dois?	**Borcum ne kadar?**
	[bordʒum nɛ kadar?]
J'aimerais avoir un reçu, s'il vous plaît.	**Fiş alabilir miyim, lütfen?**
	[fiʃ alabilir mijim, lytfɛn?]
Gardez la monnaie.	**Üstü kalsın.**
	[ysty kalsın]

Attendez-moi, s'il vous plaît ...	**Beni bekleyebilir misiniz, lütfen?**
	[beni beklejebilir misiniz, lytfɛn?]
cinq minutes	**beş dakika**
	[beʃ dakika]
dix minutes	**on dakika**
	[on dakika]
quinze minutes	**on beş dakika**
	[on beʃ dakika]
vingt minutes	**yirmi dakika**
	[jirmi dakika]
une demi-heure	**yarım saat**
	[jarım saat]

Hôtel

Bonjour.	**Merhaba.** [mɛrhaba]
Je m'appelle ...	**Adım ...** [adım ...]
J'ai réservé une chambre.	**Rezervasyonum var.** [rezɛrvasjonum var]

Je voudrais ...	**Bana ... lazım.** [bana ... lazım]
une chambre simple	**tek kişilik bir oda** [tek kiʃilik bir oda]
une chambre double	**çift kişilik bir oda** [tʃift kiʃilik bir oda]
C'est combien?	**Ne kadar tuttu?** [nɛ kadar tuttu?]
C'est un peu cher.	**Bu biraz pahalı.** [bu biraz pahalı]

Avez-vous autre chose?	**Elinizde başka seçenek var mı?** [ɛlinizdɛ baʃka setʃenek var mı?]
Je vais la prendre.	**Bunu alıyorum.** [bunu alıjorum]
Je vais payer comptant.	**Peşin ödeyeceğim.** [peʃin ødejedʒɛ:im]

J'ai un problème.	**Bir sorunum var.** [bir sorunum var]
Mon ... est cassé /Ma ... est cassée/	**... bozuk.** [... bozuk]
Mon /Ma/ ... ne fonctionne pas.	**... çalışmıyor.** [... tʃalıʃmıjor]
télé	**Televizyon** [tɛlevizjon]
air conditionné	**Klima** [klima]
robinet	**Musluk** [musluk]

douche	**Duş** [duʃ]
évier	**Lavabo** [lavabo]
coffre-fort	**Kasa** [kasa]

serrure de porte

Kapı kilidi
[kapı kilidi]

prise électrique

Priz
[priz]

sèche-cheveux

Saç kurutma makinesi
[satʃ kurutma makinɛsi]

Je n'ai pas ...

... yok
[... joːk]

d'eau

Su
[su]

de lumière

Işık
[iʃık]

d'électricité

Elektrik
[ɛlektrik]

Pouvez-vous me donner ...?

Bana ... verebilir misiniz?
[bana ... vɛrɛbilir misiniz?]

une serviette

bir havlu
[bir havlu]

une couverture

bir battaniye
[bir battanije]

des pantoufles

bir terlik
[bir tɛrlik]

une robe de chambre

bir bornoz
[bir bornoz]

du shampoing

biraz şampuan
[biraz ʃampuan]

du savon

biraz sabun
[biraz sabun]

Je voudrais changer ma chambre.

Odamı değiştirmek istiyorum.
[odamı dɛːiʃtirmek istijorum]

Je ne trouve pas ma clé.

Anahtarımı bulamıyorum.
[anahtarımı bulamıjorum]

Pourriez-vous ouvrir ma chambre,
s'il vous plaît?

Odamı açabilir misiniz, lütfen?
[odamı atʃabilir misiniz, lytfɛn?]

Qui est là?

Kim o?
[kim o?]

Entrez!

Girin!
[girin!]

Une minute!

Bir dakika!
[bir dakika!]

Pas maintenant, s'il vous plaît.

Lütfen şimdi değil.
[lytfɛn ʃimdi dɛːil]

Pouvez-vous venir à ma chambre,
s'il vous plaît.

Odama gelin, lütfen.
[odama gelin, lytfɛn]

J'aimerais avoir le service d'étage.

**Odama yemek siparişi
vermek istiyorum.**
[odama jemek sipariʃi
vɛrmek istijorum]

Mon numéro de chambre est le ...	**Oda numaram ...** [oda numaram ...]
Je pars ...	**... gidiyorum.** [... gidijorum]
Nous partons ...	**... gidiyoruz.** [... gidijoruz]
maintenant	**şimdi** [ʃimdi]
cet après-midi	**öğleden sonra** [ø:øledɛn sonra]
ce soir	**bu akşam** [bu akʃam]
demain	**yarın** [jarın]
demain matin	**yarın sabah** [jarın sabah]
demain après-midi	**yarın akşam** [jarın akʃam]
après-demain	**yarından sonraki gün** [jarından sonraki gyn]

Je voudrais régler mon compte.	**Ödeme yapmak istiyorum.** [ødɛmɛ japmak istijorum]
Tout était merveilleux.	**Herşey harikaydı.** [hɛrʃɛj harikajdı]
Où puis-je trouver un taxi?	**Nereden taksiye binebilirim?** [nɛrɛdɛn taksije binɛbilirim?]
Pourriez-vous m'appeler un taxi, s'il vous plaît?	**Bana bir taksi çağırır mısınız, lütfen?** [bana bir taksi tʃa:ırır mısınız, lytfɛn?]

Restaurant

Puis-je voir le menu, s'il vous plaît?	**Menüye bakabilir miyim, lütfen?** [mɛnyje bakabilir mijim, lytfɛn?]
Une table pour une personne.	**Bir kişilik masa.** [bir kiʃilik masa]
Nous sommes deux (trois, quatre).	**İki (üç, dört) kişiyiz.** [iki (ytʃ, dørt) kiʃijiz]

Fumeurs	**Sigara içilen bölüm** [sigara itʃilɛn bølym]
Non-fumeurs	**Sigara içilmeyen bölüm** [sigara itʃilmejen bølym]
S'il vous plaît!	**Affedersiniz!** [affedɛrsiniz!]
menu	**menü** [mɛny]
carte des vins	**şarap listesi** [ʃarap listɛsi]
Le menu, s'il vous plaît.	**Menü, lütfen.** [mɛny, lytfɛn]
Êtes-vous prêts à commander?	**Sipariş vermeye hazır mısınız?** [sipariʃ vermeje hazır mısınız?]
Qu'allez-vous prendre?	**Ne alırsınız?** [nɛ alırsınız?]
Je vais prendre …	**… alacağım.** [… aladʒaːım]

Je suis végétarien.	**Ben vejetaryenim.** [ben veʒetarjenim]
viande	**et** [ɛt]
poisson	**balık** [balık]
légumes	**sebze** [sebzɛ]
Avez-vous des plats végétariens?	**Vejetaryen yemekleriniz var mı?** [veʒetarjen jemekleriniz var mı?]
Je ne mange pas de porc.	**Domuz eti yemem.** [domuz ɛti jemɛm]
Il /elle/ ne mange pas de viande.	**O et yemez.** [o ɛt jemɛz]
Je suis allergique à …	**… alerjim var.** [… alerʒim var]
Pourriez-vous m'apporter …, s'il vous plaît.	**Bana … getirir misiniz, lütfen?** [bana … getirir misiniz, lytfɛn?]

le sel | le poivre | du sucre	**tuz | biber | şeker** [tuz | bibɛr | ʃekɛr]
un café | un thé | un dessert	**kahve | çay | tatlı** [kahvɛ | ʧaj | tatlı]
de l'eau | gazeuse | plate	**su | maden | içme** [su | madɛn | iʧmɛ]
une cuillère | une fourchette | un couteau	**kaşık | çatal | bıçak** [kaʃık | ʧatal | bıʧak]
une assiette | une serviette	**tabak | peçete** [tabak | peʧɛtɛ]

Bon appétit!	**Afiyet olsun!** [afijet olsun!]
Un de plus, s'il vous plaît.	**Bir tane daha, lütfen.** [bir tanɛ daha, lytfɛn]
C'était délicieux.	**Çok lezzetliydi.** [ʧok lezzɛtlijdi]

l'addition | de la monnaie | le pourboire	**hesap | para üstü | bahşiş** [hesap | para ysty | bahʃiʃ]
L'addition, s'il vous plaît.	**Hesap, lütfen.** [hesap, lytfɛn]
Puis-je payer avec la carte?	**Kredi kartıyla ödeyebilir miyim?** [krɛdi kartıjla ødejebilir mijim?]
Excusez-moi, je crois qu'il y a une erreur ici.	**Affedersiniz, burada bir yanlışlık var.** [affedɛrsiniz, burada bir janlıʃlık var]

Shopping. Faire les Magasins

Est-ce que je peux vous aider?	**Yardımcı olabilir miyim?** [jardımdʒı olabilir mijim?]
Avez-vous … ?	**Sizde … var mı?** [sizdɛ … var mı?]
Je cherche …	**… arıyorum.** [… arıjorum]
Il me faut …	**Bana … lazım.** [bana … lazım]
Je regarde seulement, merci.	**Sadece bakıyorum.** [sadedʒɛ bakıjorum]
Nous regardons seulement, merci.	**Sadece bakıyoruz.** [sadedʒɛ bakıjoruz]
Je reviendrai plus tard.	**Daha sonra tekrar geleceğim.** [daha sonra tekrar gelɛdʒɛ:im]
On reviendra plus tard.	**Daha sonra tekrar geleceğiz.** [daha sonra tekrar gelɛdʒɛ:iz]
Rabais | Soldes	**iskonto | indirimli satış** [iskonto | indirimli satıʃ]
Montrez-moi, s'il vous plaît …	**Bana … gösterebilir misiniz?** [bana … gøstɛrɛbilir misiniz?]
Donnez-moi, s'il vous plaît …	**Bana … verebilir misiniz?** [bana … vɛrɛbilir misiniz?]
Est-ce que je peux l'essayer?	**Deneyebilir miyim?** [dɛnɛjebilir mijim?]
Excusez-moi, où est la cabine d'essayage?	**Affedersiniz, deneme kabini nerede?** [affedɛrsiniz, dɛnɛmɛ kabini nɛrɛdɛ?]
Quelle couleur aimeriez-vous?	**Ne renk istersiniz?** [nɛ rɛnk istɛrsiniz?]
taille | longueur	**beden | boy** [bedɛn | boj]
Est-ce que la taille convient ?	**Nasıl, üzerinize oldu mu?** [nasıl, yzɛrinizɛ oldu mu?]
Combien ça coûte?	**Bu ne kadar?** [bu nɛ kadar?]
C'est trop cher.	**Çok pahalı.** [tʃok pahalı]
Je vais le prendre.	**Bunu alıyorum.** [bunu alıjorum]
Excusez-moi, où est la caisse?	**Affedersiniz, ödemeyi nerede yapabilirim?** [affedɛrsiniz, ødemɛji nɛrɛdɛ japabilirim?]

Payerez-vous comptant ou par carte de crédit?	**Nakit mi yoksa kredi kartıyla mı ödeyeceksiniz?** [nakit mi joksa krɛdi kartıjla mı ødejedʒeksiniz?]
Comptant | par carte de crédit	**Nakit | kredi kartıyla** [nakit | krɛdi kartıjla]

Voulez-vous un reçu?	**Fatura ister misiniz?** [fatura istɛr misiniz?]
Oui, s'il vous plaît.	**Evet, lütfen.** [ɛvet, lytfɛn]
Non, ce n'est pas nécessaire.	**Hayır, gerek yok.** [hajır, gerek jok]
Merci. Bonne journée!	**Teşekkür ederim. İyi günler!** [tɛʃekkyr ɛdɛrim. iji gynlɛr!]

En ville

Excusez-moi, ...	**Affedersiniz.** [affedɛrsiniz]
Je cherche ...	**... arıyorum.** [... arıjorum]
le métro	**Metroyu** [metroju]
mon hôtel	**Otelimi** [otɛlimi]
le cinéma	**Sinemayı** [sinemajı]
un arrêt de taxi	**Taksi durağını** [taksi dura:ını]
un distributeur	**Bir bankamatik** [bir bankamatik]
un bureau de change	**Bir döviz bürosu** [bir døviz byrosu]
un café internet	**Bir internet kafe** [bir intɛrnɛt kafɛ]
la rue ...	**... caddesini** [... dʒaddɛsini]
cette place-ci	**Şurayı** [ʃurajı]
Savez-vous où se trouve ...?	**... nerede olduğunu biliyor musunuz?** [... nɛrɛdɛ oldu:unu bilijor musunuz?]
Quelle est cette rue?	**Bu caddenin adı ne?** [bu dʒaddenin adı nɛ?]
Montrez-moi où sommes-nous, s'il vous plaît.	**Şu an nerede olduğumuzu gösterir misiniz?** [ʃu an nɛrɛdɛ oldu:umuzu gøstɛrir misiniz?]
Est-ce que je peux y aller à pied?	**Oraya yürüyerek gidebilir miyim?** [oraja jyryjerek gidɛbilir mijim?]
Avez-vous une carte de la ville?	**Sizde şehir haritası var mı?** [sizdɛ ʃɛhir haritası var mı?]
C'est combien pour un ticket?	**Giriş bileti ne kadar?** [giriʃ bileti nɛ kadar?]
Est-ce que je peux faire des photos?	**Burada fotoğraf çekebilir miyim?** [burada foto:raf tʃekɛbilir mijim?]
Êtes-vous ouvert?	**Açık mısınız?** [atʃık mısınız?]

À quelle heure ouvrez-vous?

Ne zaman açıyorsunuz?
[nε zaman atʃıjorsunuz?]

À quelle heure fermez-vous?

Ne zaman kapatıyorsunuz?
[nε zaman kapatıjorsunuz?]

L'argent

argent	**para** [para]
argent liquide	**nakit** [nakit]
des billets	**kağıt para** [kaːɪt para]
petite monnaie	**bozukluk** [bozukluk]
l'addition | de la monnaie | le pourboire	**hesap | para üstü | bahşiş** [hesap | para ysty | bahʃiʃ]
carte de crédit	**kredi kartı** [krɛdi kartı]
portefeuille	**cüzdan** [dʒyzdan]
acheter	**satın almak** [satın almak]
payer	**ödemek** [ødɛmek]
amende	**ceza** [dʒɛza]
gratuit	**bedava** [bedava]
Où puis-je acheter … ?	**Nereden … alabilirim?** [nɛrɛdɛn … alabilirim?]
Est-ce que la banque est ouverte en ce moment?	**Banka açık mı?** [banka atʃık mı?]
À quelle heure ouvre-t-elle?	**Ne zaman açılıyor?** [nɛ zaman atʃılıjor?]
À quelle heure ferme-t-elle?	**Ne zaman kapanıyor?** [nɛ zaman kapanıjor?]
C'est combien?	**Ne kadar?** [nɛ kadar?]
Combien ça coûte?	**Bunun fiyatı nedir?** [bunun fijatı nɛdir?]
C'est trop cher.	**Çok pahalı.** [tʃok pahalı]
Excusez-moi, où est la caisse?	**Affedersiniz, ödemeyi nerede yapabilirim?** [affedɛrsiniz, ødemɛji nɛrɛdɛ japabilirim?]

L'addition, s'il vous plaît.	**Hesap, lütfen.**
	[hesap, lytfɛn]
Puis-je payer avec la carte?	**Kredi kartıyla ödeyebilir miyim?**
	[krɛdi kartıjla ødejebilir mijim?]
Est-ce qu'il y a un distributeur ici?	**Buralarda bankamatik var mı?**
	[buralarda bankamatik var mı?]
Je cherche un distributeur.	**Bankamatik arıyorum.**
	[bankamatik arıjorum]

Je cherche un bureau de change.	**Döviz bürosu arıyorum.**
	[døviz byrosu arıjorum]
Je voudrais changer ...	**... bozdurmak istiyorum**
	[... bozdurmak istijorum]
Quel est le taux de change?	**Döviz kuru nedir?**
	[døviz kuru nɛdir?]
Avez-vous besoin de mon passeport?	**Pasaportuma gerek var mı?**
	[pasaportuma gerek var mı?]

Le temps

Quelle heure est-il?	**Saat kaç?** [saat katʃ?]
Quand?	**Ne zaman?** [nɛ zaman?]
À quelle heure?	**Saat kaçta?** [saat katʃta?]
maintenant | plus tard | après ...	**şimdi | sonra | ...den sonra** [ʃimdi | sonra | ...den sonra]
une heure	**saat bir** [saat bir]
une heure et quart	**bir on beş** [bir on bɛʃ]
une heure et demie	**bir otuz** [bir otuz]
deux heures moins quart	**bir kırk beş** [bir kırk beʃ]
un | deux | trois	**bir | iki | üç** [bir | iki | ytʃ]
quatre | cinq | six	**dört | beş | altı** [dørt | beʃ | altı]
sept | huit | neuf	**yedi | sekiz | dokuz** [jedi | sekiz | dokuz]
dix | onze | douze	**on | on bir | on iki** [on | on bir | on iki]
dans ...	**... içinde** [... itʃindɛ]
cinq minutes	**beş dakika** [beʃ dakika]
dix minutes	**on dakika** [on dakika]
quinze minutes	**on beş dakika** [on beʃ dakika]
vingt minutes	**yirmi dakika** [jirmi dakika]
une demi-heure	**yarım saat** [jarım saat]
une heure	**bir saat** [bir saat]

dans la matinée	**sabah** [sabah]
tôt le matin	**sabah erkenden** [sabah ɛrkendɛn]
ce matin	**bu sabah** [bu sabah]
demain matin	**yarın sabah** [jarın sabah]

à midi	**öğlen yemeğinde** [øːølɛn jemeːindɛ]
dans l'après-midi	**öğleden sonra** [øːøledɛn sonra]
dans la soirée	**akşam** [akʃam]
ce soir	**bu akşam** [bu akʃam]

la nuit	**geceleyin** [gedʒɛlejin]
hier	**dün** [dyn]
aujourd'hui	**bugün** [bugyn]
demain	**yarın** [jarın]
après-demain	**yarından sonraki gün** [jarından sonraki gyn]

Quel jour sommes-nous aujourd'hui?	**Bugün günlerden ne?** [bugyn gynlerdɛn nɛ?]
Nous sommes ...	**Bugün ...** [bugyn ...]
lundi	**Pazartesi** [pazartɛsi]
mardi	**Salı** [salı]
mercredi	**Çarşamba** [tʃarʃamba]

jeudi	**Perşembe** [pɛrʃɛmbɛ]
vendredi	**Cuma** [dʒuma]
samedi	**Cumartesi** [dʒumartɛsi]
dimanche	**Pazar** [pazar]

Salutations - Introductions

Bonjour.	**Merhaba.** [mɛrhaba]
Enchanté /Enchantée/	**Tanıştığımıza memnun oldum.** [tanɪʃtɪːɪmɪza memnun oldum]
Moi aussi.	**Ben de.** [ben dɛ]
Je voudrais vous présenter ...	**Sizi ... ile tanıştırmak istiyorum** [sizi ... ile tanɪʃtɪrmak istijorum]
Ravi /Ravie/ de vous rencontrer.	**Memnun oldum.** [memnun oldum]

Comment allez-vous?	**Nasılsınız?** [nasɪlsɪnɪz?]
Je m'appelle ...	**Adım ...** [adɪm ...]
Il s'appelle ...	**Adı ...** [adɪ ...]
Elle s'appelle ...	**Adı ...** [adɪ ...]
Comment vous appelez-vous?	**Adınız nedir?** [adɪnɪz nɛdir?]
Quel est son nom?	**Onun adı ne?** [onun adɪ nɛ?]
Quel est son nom?	**Onun adı ne?** [onun adɪ nɛ?]

Quel est votre nom de famille?	**Soyadınız nedir?** [sojadɪnɪz nɛdir?]
Vous pouvez m'appeler ...	**Bana ... diyebilirsiniz.** [bana ... dijebilirsiniz]
D'où êtes-vous?	**Nereden geliyorsunuz?** [nɛrɛdɛn gelijorsunuz?]
Je suis de ...	**... dan geliyorum.** [... dan gelijorum]
Qu'est-ce que vous faites dans la vie?	**Mesleğiniz nedir?** [mɛsleːiniz nɛdir?]
Qui est-ce?	**Bu kim?** [bu kim?]
Qui est-il?	**O kim?** [o kim?]
Qui est-elle?	**O kim?** [o kim?]
Qui sont-ils?	**Onlar kim?** [onlar kim?]

C'est …	**Bu …**
	[bu …]
mon ami	**arkadaşım**
	[arkadaʃɪm]
mon amie	**arkadaşım**
	[arkadaʃɪm]
mon mari	**kocam**
	[kodʒam]
ma femme	**karım**
	[karɪm]

mon père	**babam**
	[babam]
ma mère	**annem**
	[annɛm]
mon frère	**erkek kardeşim**
	[ɛrkek kardɛʃim]
ma sœur	**kız kardeşim**
	[kɪz kardɛʃim]
mon fils	**oğlum**
	[o:lum]
ma fille	**kızım**
	[kɪzɪm]

C'est notre fils.	**Bu bizim oğlumuz.**
	[bu bizim o:lumuz]
C'est notre fille.	**Bu bizim kızımız.**
	[bu bizim kɪzɪmɪz]
Ce sont mes enfants.	**Bunlar benim çocuklarım.**
	[bunlar benim tʃodʒuklarɪm]
Ce sont nos enfants.	**Bunlar bizim çocuklarımız.**
	[bunlar bizim tʃodʒuklarɪmɪz]

Les adieux

Au revoir!	**Hoşça kalın!** [hoʃt͡ʃa kalın!]
Salut!	**Görüşürüz!** [gøryʃyryz!]
À demain.	**Yarın görüşmek üzere.** [jarın gøryʃmek yzɛrɛ]
À bientôt.	**Görüşmek üzere.** [gøryʃmek yzɛrɛ]
On se revoit à sept heures.	**Saat yedide görüşürüz.** [saat jedidɛ gøryʃyryz]
Amusez-vous bien!	**İyi eğlenceler!** [iji ɛ:lend͡ʒelɛr!]
On se voit plus tard.	**Sonra konuşuruz.** [sonra konuʃuruz]
Bonne fin de semaine.	**İyi hafta sonları.** [iji hafta sonları]
Bonne nuit.	**İyi geceler.** [iji gɛd͡ʒɛlɛr]
Il est l'heure que je parte.	**Gitme vaktim geldi.** [gitmɛ vaktim gɛldi]
Je dois m'en aller.	**Gitmem lazım.** [gitmɛm lazım]
Je reviens tout de suite.	**Hemen dönerim.** [hemɛn dønɛrim]
Il est tard.	**Geç oldu.** [gɛt͡ʃ oldu]
Je dois me lever tôt.	**Erken kalkmam lazım.** [ɛrken kalkmam lazım]
Je pars demain.	**Yarın gidiyorum.** [jarın gidijorum]
Nous partons demain.	**Yarın gidiyoruz.** [jarın gidijoruz]
Bon voyage!	**İyi yolculuklar!** [iji jold͡ʒuluklar!]
Enchanté de faire votre connaissance.	**Tanıştığımıza memnun oldum.** [tanıʃtı:ımıza memnun oldum]
Heureux /Heureuse/ d'avoir parlé avec vous.	**Konuştuğumuza memnun oldum.** [konuʃtu:umuza memnun oldum]
Merci pour tout.	**Herşey için teşekkürler.** [hɛrʃɛj it͡ʃin tɛʃekkyrlɛr]

Je me suis vraiment amusé /amusée/	**Çok iyi vakit geçirdim.** [tʃok iji vakit getʃirdim]
Nous nous sommes vraiment amusés /amusées/	**Çok iyi vakit geçirdik.** [tʃok iji vakit getʃirdik]
C'était vraiment plaisant.	**Gerçekten harikaydı.** [gertʃektɛn harikajdı]
Vous allez me manquer.	**Seni özleyeceğim.** [seni øzlejedʒɛːim]
Vous allez nous manquer.	**Sizi özleyeceğiz.** [sizi øzlejedʒɛːiz]

Bonne chance!	**İyi şanslar!** [iji ʃanslar!]
Mes salutations à ...	**... selam söyle.** [... sɛlam søjle]

Une langue étrangère

Je ne comprends pas.

Anlamıyorum.
[anlamıjorum]

Écrivez-le, s'il vous plaît.

Yazar mısınız, lütfen?
[jazar mısınız, lytfɛn?]

Parlez-vous ...?

... biliyor musunuz?
[... bilijor musunuz?]

Je parle un peu ...

Biraz ... biliyorum.
[biraz ... bilijorum]

anglais

İngilizce
[ingilizdʒɛ]

turc

Türkçe
[tyrktʃɛ]

arabe

Arapça
[araptʃa]

français

Fransızca
[fransızdʒa]

allemand

Almanca
[almandʒa]

italien

İtalyanca
[italjandʒa]

espagnol

İspanyolca
[ispanjoldʒa]

portugais

Portekizce
[portekizdʒɛ]

chinois

Çince
[tʃindʒɛ]

japonais

Japonca
[ʒapondʒa]

Pouvez-vous le répéter, s'il vous plaît.

Tekrar edebilir misiniz, lütfen?
[tekrar ɛdɛbilir misiniz, lytfɛn?]

Je comprends.

Anlıyorum.
[anlıjorum]

Je ne comprends pas.

Anlamıyorum.
[anlamıjorum]

Parlez plus lentement, s'il vous plaît.

Lütfen daha yavaş konuşun.
[lytfɛn daha javaʃ konuʃun]

Est-ce que c'est correct?

Bu doğru mu?
[bu do:ru mu?]

Qu'est-ce que c'est?

Bu ne?
[bu nɛ?]

Les excuses

Excusez-moi, s'il vous plaît.	**Affedersiniz.** [affedεrsiniz]
Je suis désolé /désolée/	**Üzgünüm.** [yzgynym]
Je suis vraiment /désolée/	**Gerçekten çok üzgünüm.** [gertʃektεn tʃok yzgynym]
Désolé /Désolée/, c'est ma faute.	**Özür dilerim, benim hatam.** [øzyr dilerim, benim hatam]
Au temps pour moi.	**Benim hatamdı.** [benim hatamdı]

Puis-je ... ?	**... yapabilir miyim?** [… japabilir mijim?]
Ça vous dérange si je ...?	**... bir mahsuru var mı?** [… bir mahsuru var mı?]
Ce n'est pas grave.	**Sorun değil.** [sorun dε:il]
Ça va.	**Zararı yok.** [zararı jok]
Ne vous inquiétez pas.	**Hiç önemli değil.** [hitʃ önemli dε:il]

Les accords

Oui	**Evet.** [ɛvet]
Oui, bien sûr.	**Evet, tabii ki.** [ɛvet, tabii ki]
Bien.	**Tamam.** [tamam]
Très bien.	**Çok iyi.** [ʧok iji]
Bien sûr!	**Tabii ki!** [tabii ki!]
Je suis d'accord.	**Katılıyorum.** [katılıjorum]
C'est correct.	**Doğru.** [do:ru]
C'est exact.	**Aynen öyle.** [ajnɛn øjle]
Vous avez raison.	**Haklısınız.** [haklısınız]
Je ne suis pas contre.	**Benim için sorun değil.** [benim iʧin sorun dɛ:il]
Tout à fait correct.	**Kesinlikle doğru.** [kesinliklɛ do:ru]
C'est possible.	**Bu mümkün.** [bu mymkyn]
C'est une bonne idée.	**Bu iyi bir fikir.** [bu iji bir fikir]
Je ne peux pas dire non.	**Hayır diyemem.** [hajır dijemɛm]
J'en serai ravi /ravie/	**Memnun olurum.** [memnun olurum]
Avec plaisir.	**Zevkle.** [zɛvkle]

Refus, exprimer le doute

Non	**Hayır.** [hajır]
Absolument pas.	**Kesinlikle hayır.** [kesinliklɛ hajır]
Je ne suis pas d'accord.	**Katılmıyorum.** [katılmɪjorum]
Je ne le crois pas.	**Sanmıyorum.** [sanmɪjorum]
Ce n'est pas vrai.	**Bu doğru değil.** [bu do:ru dɛ:il]

Vous avez tort.	**Yanılıyorsunuz.** [janılıjorsunuz]
Je pense que vous avez tort.	**Bence yanılıyorsunuz.** [bendʒe janılıjorsunuz]
Je ne suis pas sûr /sûre/	**Emin değilim.** [ɛmin dɛ:ilim]
C'est impossible.	**Bu mümkün değil.** [bu mymkyn dɛ:il]
Pas du tout!	**Hiçbir surette!** [hitʃbir surɛttɛ!]

Au contraire!	**Tam tersi.** [tam tɛrsi]
Je suis contre.	**Ben buna karşıyım.** [ben buna karʃıjım]
Ça m'est égal.	**Umrumda değil.** [umrumda dɛ:il]
Je n'ai aucune idée.	**Hiçbir fikrim yok.** [hitʃbir fikrim jok]
Je doute que cela soit ainsi.	**O konuda şüpheliyim.** [o konuda ʃyphɛlijim]

Désolé /Désolée/, je ne peux pas.	**Üzgünüm, yapamam.** [yzgynym, japamam]
Désolé /Désolée/, je ne veux pas.	**Üzgünüm, istemiyorum.** [yzgynym, istɛmijorum]

Merci, mais ça ne m'intéresse pas.	**Teşekkür ederim, fakat buna ihtiyacım yok.** [tɛʃekkyr ɛdɛrim, fakat buna ihtijadʒım jok]
Il se fait tard.	**Geç oluyor.** [getʃ olujor]

Je dois me lever tôt.

Erken kalmalıyım.
[ɛrken kalmalıjım]

Je ne me sens pas bien.

Kendimi iyi hissetmiyorum.
[kendimi iji hissɛtmijorum]

Exprimer la gratitude

Merci.	**Teşekkürler.** [tɛʃekkyrlɛr]
Merci beaucoup.	**Çok teşekkür ederim.** [tʃok tɛʃekkyr ɛdɛrim]

Je l'apprécie beaucoup.	**Gerçekten müteşekkirim.** [gertʃektɛn myteʃekkirim]
Je vous suis très reconnaissant.	**Size hakikaten minnettarım.** [sizɛ hakikatɛn minnettarım]
Nous vous sommes très reconnaissant.	**Size hakikaten minnettarız.** [sizɛ hakikatɛn minnettarız]

Merci pour votre temps.	**Zaman ayırdığınız için teşekkür ederim.** [zaman ajırdı:ınız itʃin tɛʃekkyr ɛdɛrim]
Merci pour tout.	**Herşey için teşekkürler.** [hɛrʃɛj itʃin tɛʃekkyrlɛr]
Merci pour ...	**... için teşekkürler.** [... itʃin tɛʃekkyrlɛr]

votre aide	**Yardımınız için teşekkürler.** [jardımınız itʃin tɛʃekkyrlɛr]
les bons moments passés	**Bu güzel vakit için teşekkürler.** [bu gyzɛl vakit itʃin tɛʃekkyrlɛr]

un repas merveilleux	**Bu harika yemek için teşekkürler.** [bu harika jemek itʃin tɛʃekkyrlɛr]
cette agréable soirée	**Bu güzel akşam için teşekkürler.** [bu gyzɛl akʃam itʃin tɛʃekkyrlɛr]
cette merveilleuse journée	**Bu harika gün için teşekkürler.** [bu harika gyn itʃin tɛʃekkyrlɛr]
une excursion extraordinaire	**Bu harika yolculuk için teşekkürler.** [bu harika joldʒuluk itʃin tɛʃekkyrlɛr]

Il n'y a pas de quoi.	**Lafı bile olmaz.** [lafı bilɛ olmaz]
Vous êtes les bienvenus.	**Bir şey değil.** [bir ʃɛj dɛːil]
Mon plaisir.	**Her zaman.** [hɛr zaman]
J'ai été heureux /heureuse/ de vous aider.	**O zevk bana ait.** [o zɛvk bana ait]

Ça va. N'y pensez plus.

Hiç önemli değil.
[hitʃ ønemli dɛ:il]

Ne vous inquiétez pas.

Hiç dert etme.
[hitʃ dɛrt ɛtmɛ]

Félicitations. Vœux de fête

Félicitations! | **Tebrikler!**
[tɛbriklɛr!]

Joyeux anniversaire! | **Doğum günün kutlu olsun!**
[doːum gynyn kutlu olsun!]

Joyeux Noël! | **Mutlu Noeller!**
[mutlu noɛllɛr!]

Bonne Année! | **Yeni yılın kutlu olsun!**
[jeni jılın kutlu olsun!]

Joyeuses Pâques! | **Mutlu Paskalyalar!**
[mutlu paskaljalar!]

Joyeux Hanoukka! | **Mutlu Hanuka Bayramları!**
[mutlu hanuka bajramları!]

Je voudrais proposer un toast. | **Kadeh kaldırmak istiyorum.**
[kadɛh kaldırmak istijorum]

Santé! | **Şerefe!**
[ʃɛrɛfɛ!]

Buvons à ...! | **... için kadeh kaldıralım!**
[... iʧin kadɛh kaldıralım!]

À notre succès! | **Başarımıza!**
[baʃarımıza!]

À votre succès! | **Başarınıza!**
[baʃarınıza!]

Bonne chance! | **İyi şanslar!**
[iji ʃanslar!]

Bonne journée! | **İyi günler!**
[iji gynlɛr!]

Passez de bonnes vacances ! | **İyi tatiller!**
[iji tatillɛr!]

Bon voyage! | **İyi yolculuklar!**
[iji jolʤuluklar!]

Rétablissez-vous vite. | **Geçmiş olsun!**
[geʧmiʃ olsun!]

Socialiser

Pourquoi êtes-vous si triste?	**Neden üzgünsünüz?** [nɛdɛn yzgynsynyz?]
Souriez!	**Gülümseyin! Neşelenin!** [gylymsɛjin! nɛʃɛlɛnin!]
Êtes-vous libre ce soir?	**Bu gece müsait misiniz?** [bu gedʒɛ mysait misiniz?]

Puis-je vous offrir un verre?	**Size bir içki ısmarlayabilir miyim?** [sizɛ bir itʃki ısmarlajabilir mijim?]
Voulez-vous danser?	**Dans eder misiniz?** [dans ɛdɛr misiniz?]
Et si on va au cinéma?	**Hadi sinemaya gidelim.** [hadi sinemaja gidɛlim]

Puis-je vous inviter ...	**Sizi ... davet edebilir miyim?** [sizi ... davɛt ɛdɛbilir mijim?]
au restaurant	**restorana** [restorana]
au cinéma	**sinemaya** [sinemaja]
au théâtre	**tiyatroya** [tijatroja]
pour une promenade	**yürüyüşe** [jyryjyʃɛ]

À quelle heure?	**Saat kaçta?** [saat katʃta?]
ce soir	**bu gece** [bu gedʒɛ]
à six heures	**altıda** [altıda]
à sept heures	**yedide** [jedidɛ]
à huit heures	**sekizde** [sekizdɛ]
à neuf heures	**dokuzda** [dokuzda]

Est-ce que vous aimez cet endroit?	**Burayı sevdiniz mi?** [burajı sɛvdiniz mi?]
Êtes-vous ici avec quelqu'un?	**Biriyle birlikte mi geldiniz?** [birijle birliktɛ mi geldiniz?]
Je suis avec mon ami.	**Arkadaşımlayım.** [arkadaʃımlajım]

Je suis avec mes amis.	**Arkadaşlarımlayım.**
	[arkadaʃlarımlajım]
Non, je suis seul /seule/	**Hayır, yalnızım.**
	[hajır, jalnızım]

As-tu un copain?	**Erkek arkadaşınız var mı?**
	[ɛrkek arkadaʃınız var mı?]
J'ai un copain.	**Erkek arkadaşım var.**
	[ɛrkek arkadaʃım var]
As-tu une copine?	**Kız arkadaşınız var mı?**
	[kız arkadaʃınız var mı?]
J'ai une copine.	**Kız arkadaşım var.**
	[kız arkadaʃım var]

Est-ce que je peux te revoir?	**Seni tekrar görebilir miyim?**
	[seni tekrar gørebilir mijim?]
Est-ce que je peux t'appeler?	**Seni arayabilir miyim?**
	[seni arajabilir mijim?]
Appelle-moi.	**Ara beni.**
	[ara beni]
Quel est ton numéro?	**Telefon numaran nedir?**
	[tɛlefon numaran nɛdir?]
Tu me manques.	**Seni özledim.**
	[seni øzledim]

Vous avez un très beau nom.	**Adınız çok güzel.**
	[adınız ʧok gyzɛl]
Je t'aime.	**Seni seviyorum.**
	[seni sevijorum]
Veux-tu te marier avec moi?	**Benimle evlenir misin?**
	[benimle ɛvlenir misin?]
Vous plaisantez!	**Şaka yapıyorsunuz!**
	[ʃaka japıjorsunuz!]
Je plaisante.	**Sadece şaka yapıyorum.**
	[sadeʤɛ ʃaka japıjorum]

Êtes-vous sérieux /sérieuse/?	**Ciddi misiniz?**
	[ʤiddi misiniz?]
Je suis sérieux /sérieuse/	**Ciddiyim.**
	[ʤiddijim]
Vraiment?!	**Gerçekten mi?!**
	[gerʧektɛn mi?!]
C'est incroyable!	**İnanılmaz!**
	[inanılmaz!]
Je ne vous crois pas.	**Size inanmıyorum.**
	[sizɛ inanmıjorum]
Je ne peux pas.	**Yapamam.**
	[japamam]
Je ne sais pas.	**Bilmiyorum.**
	[bilmijorum]
Je ne vous comprends pas	**Sizi anlamıyorum.**
	[sizi anlamıjorum]

Laissez-moi! Allez-vous-en!

Laissez-moi tranquille!

Lütfen gider misiniz?
[lytfɛn gidɛr misiniz?]

Beni rahat bırakın!
[beni rahat bırakın!]

Je ne le supporte pas.

Vous êtes dégoûtant!

Je vais appeler la police!

Ona katlanamıyorum!
[ona katlanamıjorum!]

İğrençsiniz!
[iːirɛntʃsiniz!]

Polisi arayacağım!
[polisi arajadʒaːım!]

Partager des impressions. Émotions

J'aime ça.	**Bunu sevdim.** [bunu sɛvdim]
C'est gentil.	**Çok hoş.** [ʧok hoʃ]
C'est super!	**Bu harika!** [bu harika!]
C'est assez bien.	**Fena değil.** [fena dɛ:il]

Je n'aime pas ça.	**Bundan hoşlanmadım.** [bundan hoʃlanmadım]
Ce n'est pas bien.	**Bu iyi değil.** [bu iji dɛ:il]
C'est mauvais.	**Bu kötü.** [bu køty]
Ce n'est pas bien du tout.	**Bu çok kötü.** [bu ʧok køty]
C'est dégoûtant.	**Bu iğrenç.** [bu i:irɛnʧ]

Je suis content /contente/	**Mutluyum.** [mutlujum]
Je suis heureux /heureuse/	**Halimden memnunum.** [halimdɛn mɛmnunum]
Je suis amoureux /amoureuse/	**Aşığım.** [aʃı:ım]
Je suis calme.	**Sakinim.** [sakinim]
Je m'ennuie.	**Sıkıldım.** [sıkıldım]

Je suis fatigué /fatiguée/	**Yorgunum.** [jorgunum]
Je suis triste.	**Üzgünüm.** [yzgynym]
J'ai peur.	**Korkuyorum.** [korkujorum]

Je suis fâché /fâchée/	**Kızgınım.** [kızgınım]
Je suis inquiet /inquiète/	**Endişeliyim.** [ɛndiʃelijim]
Je suis nerveux /nerveuse/	**Gerginim.** [gerginim]

Je suis jaloux /jalouse/   **Kıskanıyorum.**
[kıskanıjorum]

Je suis surpris /surprise/   **Şaşırdım.**
[ʃaʃırdım]

Je suis gêné /gênée/   **Şaşkınım.**
[ʃaʃkınım]

Problèmes. Accidents

J'ai un problème.	**Bir sorunum var.** [bir sorunum var]
Nous avons un problème.	**Bir sorunumuz var.** [bir sorunumuz var]
Je suis perdu /perdue/	**Kayboldum.** [kajboldum]
J'ai manqué le dernier bus (train).	**Son otobüsü (treni) kaçırdım.** [son otobysy (treni) katʃırdım]
Je n'ai plus d'argent.	**Hiç param kalmadı.** [hitʃ param kalmadı]

J'ai perdu mon ...	**... kaybettim.** [... kajbɛttim]
On m'a volé mon ...	**Biri ... çaldı.** [biri ... tʃaldı]
passeport	**pasaportumu** [pasaportumu]
portefeuille	**cüzdanımı** [dʒyzdanımı]
papiers	**belgelerimi** [belgelerimi]
billet	**biletimi** [biletimi]

argent	**paramı** [paramı]
sac à main	**el çantamı** [ɛl tʃantamı]
appareil photo	**fotoğraf makinamı** [foto:raf makinamı]
portable	**dizüstü bilgisayarımı** [dizysty bilgisajarımı]
ma tablette	**tablet bilgisayarımı** [tablet bilgisajarımı]
mobile	**cep telefonumu** [dʒɛp tɛlefonumu]

Au secours!	**Yardım edin!** [jardım ɛdin!]
Qu'est-il arrivé?	**Ne oldu?** [nɛ oldu?]
un incendie	**yangın** [jangın]

des coups de feu	**silahlı çatışma** [silahlı tʃatıʃma]
un meurtre	**cinayet** [dʒinajet]
une explosion	**patlama** [patlama]
une bagarre	**kavga** [kavga]

Appelez la police!	**Polis çağırın!** [polis tʃa:ırın!]
Dépêchez-vous, s'il vous plaît!	**Lütfen acele edin!** [lytfɛn adʒɛle ɛdin!]
Je cherche le commissariat de police.	**Karakolu arıyorum.** [karakolu arıjorum]
Il me faut faire un appel.	**Telefon açmam gerek.** [tɛlefon atʃmam gerek]
Puis-je utiliser votre téléphone?	**Telefonunuzu kullanabilir miyim?** [tɛlefonunuzu kullanabilir mijim?]

J'ai été ...	**Ben ...** [ben ...]
agressé /agressée/	**gasp edildim.** [gasp ɛdildim]
volé /volée/	**soyuldum.** [sojuldum]
violée	**tecavüze uğradım.** [tɛdʒavyzɛ u:radım]
attaqué /attaquée/	**saldırıya uğradım.** [saldırıja u:radım]

Est-ce que ça va?	**İyi misiniz?** [iji misiniz?]
Avez-vous vu qui c'était?	**Kim olduğunu gördünüz mü?** [kim oldu:unu gørdynyz my?]
Pourriez-vous reconnaître cette personne?	**Yapanı görseniz, tanıyabilir misiniz?** [japanı gørsɛniz, tanıjabilir misiniz?]
Vous êtes sûr?	**Emin misiniz?** [ɛmin misiniz?]

Calmez-vous, s'il vous plaît.	**Lütfen sakinleşin.** [lytfɛn sakinleʃin]
Calmez-vous!	**Sakin ol!** [sakin ol!]
Ne vous inquiétez pas.	**Endişelenmeyin!** [ɛndiʃɛlenmɛjin!]
Tout ira bien.	**Herşey yoluna girecek.** [hɛrʃɛj joluna giredʒek]
Ça va. Tout va bien.	**Herşey yolunda.** [hɛrʃɛj jolunda]
Venez ici, s'il vous plaît.	**Buraya gelin, lütfen.** [buraja gelin, lytfɛn]

J'ai des questions à vous poser.

Size birkaç sorum olacak.
[sizɛ birkaʧ sorum oladʒak]

Attendez un moment, s'il vous plaît.

Bir dakika bekler misiniz, lütfen?
[bir dakika beklɛr misiniz, lytfɛn?]

Avez-vous une carte d'identité?

Kimliğiniz var mı?
[kimliğiniz var mı?]

Merci. Vous pouvez partir maintenant.

Teşekkürler. Şimdi gidebilirsiniz.
[tɛʃekkyrlɛr. ʃimdi gidɛbilirsiniz]

Les mains derrière la tête!

Ellerinizi başınızın arkasına koyun!
[ɛllɛrinizi baʃınızın arkasına kojun!]

Vous êtes arrêté!

Tutuklusunuz!
[tutuklusunuz!]

Problèmes de santé

Aidez-moi, s'il vous plaît.	**Lütfen bana yardım eder misiniz?** [lytfɛn bana jardɪm ɛdɛr misiniz?]
Je ne me sens pas bien.	**Kendimi iyi hissetmiyorum.** [kendimi iji hissɛtmijorum]
Mon mari ne se sent pas bien.	**Kocam kendisini iyi hissetmiyor.** [koʤam kendisini iji hissɛtmijor]
Mon fils ...	**Oğlum ...** [oːlum ...]
Mon père ...	**Babam ...** [babam ...]
Ma femme ne se sent pas bien.	**Karım kendisini iyi hissetmiyor.** [karɪm kendisini iji hissɛtmijor]
Ma fille ...	**Kızım ...** [kɪzɪm ...]
Ma mère ...	**Annem ...** [annɛm ...]
J'ai mal ...	**... ağrıyor.** [... aːrɪjor]
à la tête	**Başım** [baʃɪm]
à la gorge	**Boğazım** [boːazɪm]
à l'estomac	**Midem** [midɛm]
aux dents	**Dişim** [diʃim]
J'ai le vertige.	**Başım dönüyor.** [baʃɪm dønyjor]
Il a de la fièvre.	**Ateşi var.** [atɛʃi var]
Elle a de la fièvre.	**Ateşi var.** [atɛʃi var]
Je ne peux pas respirer.	**Nefes alamıyorum.** [nɛfɛs alamıjorum]
J'ai du mal à respirer.	**Nefesim daralıyor.** [nɛfɛsim daralıjor]
Je suis asthmatique.	**Astımım var.** [astımım var]
Je suis diabétique.	**Şeker hastalığım var.** [ʃekɛr hastalıːım var]

Je ne peux pas dormir.	**Uyuyamıyorum.** [ujujamıjorum]
intoxication alimentaire	**Gıda zehirlenmesi** [gıda zɛhirlenmɛsi]

Ça fait mal ici.	**Burası acıyor.** [burası adʒıjor]
Aidez-moi!	**Yardım edin!** [jardım ɛdin!]
Je suis ici!	**Buradayım!** [buradajım!]
Nous sommes ici!	**Buradayız!** [buradajız!]
Sortez-moi d'ici!	**Beni buradan çıkarın!** [beni buradan tʃıkarın!]
J'ai besoin d'un docteur.	**Doktora ihtiyacım var.** [doktora ihtijadʒım var]
Je ne peux pas bouger!	**Hareket edemiyorum.** [harekɛt ɛdɛmijorum]
Je ne peux pas bouger mes jambes.	**Bacaklarımı kıpırdatamıyorum.** [badʒaklarımı kıpırdatamıjorum]

Je suis blessé /blessée/	**Yaralandım.** [jaralandım]
Est-ce que c'est sérieux?	**Ciddi mi?** [dʒiddi mi?]
Mes papiers sont dans ma poche.	**Belgelerim cebimde.** [belgelerim dʒɛbimdɛ]
Calmez-vous!	**Sakin olun!** [sakin olun!]
Puis-je utiliser votre téléphone?	**Telefonunuzu kullanabilir miyim?** [tɛlefonunuzu kullanabilir mijim?]

Appelez une ambulance!	**Ambulans çağırın!** [ambulans tʃaːırın!]
C'est urgent!	**Acil!** [adʒil!]
C'est une urgence!	**Bu bir acil durum!** [bu bir adʒil durum!]
Dépêchez-vous, s'il vous plaît!	**Lütfen acele edin!** [lytfɛn adʒɛle ɛdin!]
Appelez le docteur, s'il vous plaît.	**Lütfen doktor çağırır mısınız?** [lytfɛn doktor tʃaːırır mısınız?]
Où est l'hôpital?	**Hastane nerede?** [hastanɛ nɛrɛdɛ?]

Comment vous sentez-vous?	**Kendinizi nasıl hissediyorsunuz?** [kendinizi nasıl hissɛdijorsunuz?]
Est-ce que ça va?	**İyi misiniz?** [iji misiniz?]
Qu'est-il arrivé?	**Ne oldu?** [nɛ oldu?]

Je me sens mieux maintenant.   **Şimdi daha iyiyim.**
[ʃimdi daha ijijim]

Ça va. Tout va bien.   **Sorun değil.**
[sorun dɛːil]

Ça va.   **Bir şeyim yok.**
[bir ʃɛjim jok]

À la pharmacie

pharmacie	**eczane** [ɛdʒzane]
pharmacie 24 heures	**nöbetçi eczane** [nøbɛtʃi ɛdʒzane]
Où se trouve la pharmacie la plus proche?	**En yakın eczane nerede?** [ɛn jakın ɛdʒzane nɛrɛdɛ?]
Est-elle ouverte en ce moment?	**Şu an açık mı?** [ʃu an atʃık mı?]
À quelle heure ouvre-t-elle?	**Saat kaçta açılıyor?** [saat katʃta atʃılıjor?]
à quelle heure ferme-t-elle?	**Saat kaçta kapanıyor?** [saat katʃta kapanıjor?]
C'est loin?	**Uzakta mı?** [uzakta mı?]
Est-ce que je peux y aller à pied?	**Oraya yürüyerek gidebilir miyim?** [oraja jyryjerek gidɛbilir mijim?]
Pouvez-vous me le montrer sur la carte?	**Yerini haritada gösterebilir misiniz?** [jerini haritada gøstɛrɛbilir misiniz?]
Pouvez-vous me donner quelque chose contre ...	**Lütfen ... için bir şey verir misiniz?** [lytfɛn ... itʃin bir ʃɛj vɛrir misiniz?]
le mal de tête	**baş ağrısı** [baʃ aːrısı]
la toux	**öksürük** [øksyryk]
le rhume	**soğuk algınlığı** [soːuk algınlıːı]
la grippe	**grip** [grip]
la fièvre	**ateş** [atɛʃ]
un mal d'estomac	**mide ağrısı** [midɛ aːrısı]
la nausée	**bulantı** [bulantı]
la diarrhée	**ishal** [ishal]
la constipation	**kabızlık** [kabızlık]
un mal de dos	**sırt ağrısı** [sırt aːrısı]

les douleurs de poitrine	**göğüs ağrısı** [gø:øys a:rısı]
les points de côté	**dalak şişmesi** [dalak ʃiʃmɛsi]
les douleurs abdominales	**karın ağrısı** [karın a:rısı]

une pilule	**hap** [hap]
un onguent, une crème	**merhem, krem** [mɛrhɛm, krɛm]
un sirop	**şurup** [ʃurup]
un spray	**sprey** [sprɛj]
les gouttes	**damla** [damla]

Vous devez allez à l'hôpital.	**Hastaneye gitmeniz gerek.** [hastanɛje gitmɛniz gerek]
assurance maladie	**sağlık sigortası** [sa:lık sigortası]
prescription	**reçete** [retʃɛtɛ]
produit anti-insecte	**böcek ilacı** [bødʒek iladʒı]
bandages adhésifs	**yara bandı** [jara bandı]

Les essentiels

Excusez-moi, ...	**Affedersiniz, ...** [affedɛrsiniz, ...]
Bonjour	**Merhaba.** [mɛrhaba]
Merci	**Teşekkürler.** [tɛʃekkyrlɛr]
Au revoir	**Hoşça kalın.** [hoʃʧa kalın]
Oui	**Evet.** [ɛvet]
Non	**Hayır.** [hajır]
Je ne sais pas.	**Bilmiyorum.** [bilmijorum]
Où? | Où? | Quand?	**Nerede? | Nereye? | Ne zaman?** [nɛrɛdɛ? | nɛrɛje? | nɛ zaman?]

J'ai besoin de ...	**Bana ... lazım.** [bana ... lazım]
Je veux ...	**... istiyorum.** [... istijorum]
Avez-vous ... ?	**Sizde ... var mı?** [sizdɛ ... var mı?]
Est-ce qu'il y a ... ici?	**Burada ... var mı?** [burada ... var mı?]
Puis-je ... ?	**... yapabilir miyim?** [... japabilir mijim?]
s'il vous plaît (pour une demande)	**..., lütfen** [..., lytfɛn]

Je cherche ...	**Ben ... arıyorum.** [ben ... arıjorum]
les toilettes	**tuvaleti** [tuvaleti]
un distributeur	**bankamatik** [bankamatik]
une pharmacie	**eczane** [ɛdʒzane]
l'hôpital	**hastane** [hastanɛ]
le commissariat de police	**karakolu** [karakolu]
une station de métro	**metroyu** [metroju]

un taxi	**taksi** [taksi]
la gare	**tren istasyonunu** [tren istasjonunu]

Je m'appelle …	**Benim adım …** [benim adım …]
Comment vous appelez-vous?	**Adınız nedir?** [adınız nɛdir?]
Aidez-moi, s'il vous plaît.	**Bana yardım edebilir misiniz, lütfen?** [bana jardım ɛdɛbilir misiniz, lytfɛn?]
J'ai un problème.	**Bir sorunum var.** [bir sorunum var]
Je ne me sens pas bien.	**Kendimi iyi hissetmiyorum.** [kendimi iji hissɛtmijorum]
Appelez une ambulance!	**Ambulans çağırın!** [ambulans ʧaːırın!]
Puis-je faire un appel?	**Telefonunuzdan bir arama yapabilir miyim?** [tɛlefonunuzdan bir arama japabilir mijim?]

Excusez-moi.	**Üzgünüm.** [yzgynym]
Je vous en prie.	**Rica ederim.** [riʤa ɛdɛrim]

je, moi	**Ben, bana** [ben, bana]
tu, toi	**sen** [sen]
il	**o** [o]
elle	**o** [o]
ils	**onlar** [onlar]
elles	**onlar** [onlar]
nous	**biz** [biz]
vous	**siz** [siz]
Vous	**siz** [siz]

ENTRÉE	**GİRİŞ** [giriʃ]
SORTIE	**ÇIKIŞ** [ʧikiʃ]
HORS SERVICE | EN PANNE	**HİZMET DIŞI** [hizmɛt diʃi]

FERMÉ	**KAPALI** [kapali]
OUVERT	**AÇIK** [atʃik]
POUR LES FEMMES	**KADINLAR İÇİN** [kadinlar itʃin]
POUR LES HOMMES	**ERKEKLER İÇİN** [ɛrkeklɛr itʃin]

VOCABULAIRE THÉMATIQUE

Cette section contient plus
de 3000 des mots les plus
importants. Le dictionnaire
sera d'une aide indispensable
lors de voyages à l'étranger
puisque les mots individuels
sont souvent assez pour être
compris. Le dictionnaire
comprend une transcription
utile de chaque mot

T&P Books Publishing

CONTENU DU DICTIONNAIRE

Concepts de base	75
Nombres. Divers	83
Les couleurs. Les unités de mesure	87
Les verbes les plus importants	91
La notion de temps. Le calendrier	97
Les voyages. L'hôtel	103
Les transports	107
La ville	113
Les vêtements & les accessoires	121
L'expérience quotidienne	127
Les repas. Le restaurant	135
Les données personnelles. La famille	145
Le corps humain. Les médicaments	149
L'appartement	157
La Terre. Le temps	163
La faune	175
La flore	183
Les pays du monde	189

T&P Books Publishing

CONCEPTS DE BASE

1. Les pronoms
2. Adresser des vœux. Se dire bonjour
3. Les questions
4. Les prépositions
5. Les mots-outils. Les adverbes.
   Partie 1
6. Les mots-outils. Les adverbes.
   Partie 2

T&P Books Publishing

1. Les pronoms

je	**ben**	[bæn]
tu	**sen**	[sæn]
il, elle, ça	**o**	[o]
nous	**biz**	[biz]
vous	**siz**	[siz]
ils, elles	**onlar**	[onlar]

2. Adresser des vœux. Se dire bonjour

Bonjour! (fam.)	**Selam!**	[sæʎam]
Bonjour! (form.)	**Merhaba!**	[mærhaba]
Bonjour! (le matin)	**Günaydın!**	[gynajdın]
Bonjour! (après-midi)	**İyi günler!**	[ijı gynlær]
Bonsoir!	**İyi akşamlar!**	[ijı akʃamlar]
dire bonjour	**selam vermek**	[sæʎam værmæk]
Salut!	**Selam!, Merhaba!**	[sæʎam mærhaba]
salut (m)	**selam**	[sæʎam]
saluer (vt)	**selamlamak**	[sæʎamlamak]
Comment ça va?	**Nasılsın?**	[nasılsın]
Quoi de neuf?	**Ne var ne yok?**	[næ var næ jok]
Au revoir!	**Hoşca kalın!**	[hoʃdʒa kalın]
À bientôt!	**Görüşürüz!**	[gøryʃyryz]
Adieu! (fam.)	**Güle güle!**	[gylæ gylæ]
Adieu! (form.)	**Elveda!**	[æʎvæda]
dire au revoir	**vedalaşmak**	[vædalaʃmak]
Salut! (À bientôt!)	**Hoşça kal!**	[hoʃtʃa kal]
Merci!	**Teşekkür ederim!**	[tæʃækkyr ædærim]
Merci beaucoup!	**Çok teşekkür ederim!**	[tʃok tæʃækkyr ædærim]
Je vous en prie	**Rica ederim**	[ridʒa ædærim]
Il n'y a pas de quoi	**Bir şey değil**	[bir ʃæj diːʎ]
Pas de quoi	**Estağfurullah**	[æstaːfurulla]
Excuse-moi!	**Affedersin!**	[afædærsin]
Excusez-moi!	**Affedersiniz!**	[afædærsiniz]
excuser (vt)	**affetmek**	[afætmæk]
s'excuser (vp)	**özür dilemek**	[øzyr dilæmæk]
Mes excuses	**Özür dilerim**	[øzyr dilærim]

Pardonnez-moi!	Affedersiniz!	[afædærsiniz]
pardonner (vt)	affetmek	[afætmæk]
s'il vous plaît	lütfen	[lytfæn]
N'oubliez pas!	Unutmayın!	[unutmajın]
Bien sûr!	Kesinlikle!	[kæsinliktæ]
Bien sûr que non!	Tabi ki hayır!	[tabi ki hajır]
D'accord!	Tamam!	[tamam]
Ça suffit!	Yeter artık!	[jætær artık]

3. Les questions

Qui?	Kim?	[kim]
Quoi?	Ne?	[næ]
Où? (~ es-tu?)	Nerede?	[nærædæ]
Où? (~ vas-tu?)	Nereye?	[næræjæ]
D'où?	Nereden?	[nærædæn]
Quand?	Ne zaman?	[næ zaman]
Pourquoi? (~ es-tu venu?)	Neden?	[nædæn]
Pourquoi? (~ t'es pâle?)	Neden?	[nædæn]
À quoi bon?	Ne için?	[næ itʃin]
Comment?	Nasıl?	[nasıl]
Quel? (à ~ prix?)	Hangi?	[haŋi]
Lequel?	Kaçıncı?	[katʃındʒı]
À qui? (pour qui?)	Kime?	[kimæ]
De qui?	Kim hakkında?	[kim hakında]
De quoi?	Ne hakkında?	[næ hakkında]
Avec qui?	Kimle?	[kimlæ]
Combien? (dénombr.)	Ne kadar?	[næ kadar]
Combien? (indénombr.)	Kaç?	[katʃ]
À qui? (~ est ce livre?)	Kimin?	[kimin]

4. Les prépositions

avec (~ toi)	... -ile, ... -le, ... -la	[ilæ], [læ], [la]
sans (~ sucre)	... -sız, ... -suz	[sız], [suz]
à (aller ~...)	... -e, ... -a	[æ], [a]
de (au sujet de)	hakkında	[hakkında]
avant (~ midi)	önce	[øndʒæ]
devant (~ la maison)	önünde	[ønyndæ]
sous (~ la commode)	altında	[altında]
au-dessus de ...	üstünde	[justyndæ]
sur (dessus)	üstüne	[justynæ]
de (venir ~ Paris)	... -den, ... -dan	[dæn], [dan]

en (en bois, etc.)	... -den, ... -dan	[dæn], [dan]
dans (~ deux heures)	sonra	[sonra]
par dessus	üstünden	[justyndæn]

5. Les mots-outils. Les adverbes. Partie 1

Où? (~ es-tu?)	Nerede?	[næræædæ]
ici (c'est ~)	burada	[burada]
là-bas (c'est ~)	orada	[orada]
quelque part (être)	bir yerde	[birʲ jærdæ]
nulle part (adv)	hiç bir yerde	[hitʃ birʲ jærdæ]
près de ...	... yanında	[janında]
près de la fenêtre	pencerenin yanında	[pændʒærænin janında]
Où? (~ vas-tu?)	Nereye?	[næræjæ]
ici (Venez ~)	buraya	[buraja]
là-bas (j'irai ~)	oraya	[oraja]
d'ici (adv)	buradan	[buradan]
de là-bas (adv)	oradan	[oradan]
près (pas loin)	yakında	[jakında]
loin (adv)	uzağa	[uza:]
près de (~ Paris)	yakında	[jakında]
tout près (adv)	yakınında	[jakınında]
pas loin (adv)	civarında	[dʒivarında]
gauche (adj)	sol	[sol]
à gauche (être ~)	solda	[solda]
à gauche (tournez ~)	sola	[sola]
droit (adj)	sağ	[sa:]
à droite (être ~)	sağda	[sa:da]
à droite (tournez ~)	sağa	[sa:]
devant (adv)	önde	[øndæ]
de devant (adj)	ön	[øn]
en avant (adv)	ileri	[ilæri]
derrière (adv)	arkada	[arkada]
par derrière (adv)	arkadan	[arkadan]
en arrière (regarder ~)	geriye	[gærijæ]
milieu (m)	orta	[orta]
au milieu (adv)	ortasında	[ortasında]
de côté (vue ~)	kenarda	[kænarda]
partout (adv)	her yerde	[hær jærdæ]

autour (adv)	çevrede	[ʧævrædæ]
de l'intérieur	içeriden	[iʧæridæn]
quelque part (aller)	bir yere	[bir jæræ]
tout droit (adv)	dosdoğru	[dosdo:ru]
en arrière (revenir ~)	geri	[gæri]
de quelque part (n'import d'où)	bir yerden	[bir jærdæn]
de quelque part (on ne sait pas d'où)	bir yerden	[bir jærdæn]
premièrement (adv)	ilk olarak	[iʌk olarak]
deuxièmement (adv)	ikinci olarak	[ikinʤi olarak]
troisièmement (adv)	üçüncü olarak	[juʧunʤy olarak]
soudain (adv)	birdenbire	[birdænbiræ]
au début (adv)	başlangıçta	[baʃlaŋıʧta]
pour la première fois	ilk kez	[ilk kæz]
bien avant ...	çok daha önce ...	[ʧok da: ønʤæ]
de nouveau (adv)	yeniden	[jænidæn]
pour toujours (adv)	sonsuza kadar	[sonsuza kadar]
jamais (adv)	hiçbir zaman	[hiʧbir zaman]
de nouveau, encore (adv)	tekrar	[tækrar]
maintenant (adv)	şimdi	[ʃimdi]
souvent (adv)	sık	[sık]
alors (adv)	o zaman	[o zaman]
d'urgence (adv)	acele	[aʤælæ]
d'habitude (adv)	genellikle	[gænælliklæ]
à propos, ...	aklıma gelmişken, ...	[aklıma gæʌmiʃkæn]
c'est possible	mümkündür	[mymkyndyr]
probablement (adv)	muhtemelen	[muhtæmælæn]
peut-être (adv)	olabilir	[olabilir]
en plus, ...	ayrıca ...	[ajrıʤa]
c'est pourquoi ...	onun için	[onun iʧin]
malgré ...	rağmen ...	[ra:mæn]
grâce à ...	... sayesinde	[sajæsindæ]
quoi (pron)	ne	[næ]
que (conj)	... -ki, ... -dığı, ... -diği	[ki], [dı:], [di:]
quelque chose (Il m'est arrivé ~)	bir şey	[bir ʃæj]
quelque chose (peut-on faire ~)	bir şey	[bir ʃæj]
rien (m)	hiçbir şey	[hiʧbir ʃæj]
qui (pron)	kim	[kim]
quelqu'un (on ne sait pas qui)	birisi	[birisı]
quelqu'un (n'importe qui)	birisi	[birisı]
personne (pron)	hiç kimse	[hiʧ kimsæ]

nulle part (aller ~)	hiçbir yere	[hitʃbir jæræ]
de personne	kimsesiz	[kimsæsiz]
de n'importe qui	birinin	[birinin]

comme ça (adv)	öylesine	[øjlæsinæ]
également (adv)	dahi, ayrıca	[dahi], [ajrɪdʒa]
aussi (adv)	da	[da]

6. Les mots-outils. Les adverbes. Partie 2

Pourquoi?	Neden?	[nædæn]
pour une certaine raison	nedense	[nædænsæ]
parce que ...	çünkü	[tʃuŋkju]
pour une raison quelconque	her nedense	[hær nædænsæ]

et (conj)	ve	[væ]
ou (conj)	veya	[væja]
mais (conj)	fakat	[fakat]
pour ... (prep)	için	[itʃin]

trop (adv)	fazla	[fazla]
seulement (adv)	ancak	[andʒak]
précisément (adv)	tam	[tam]
près de ... (prep)	yaklaşık	[jaklaʃɪk]

approximativement	yaklaşık olarak	[jaklaʃɪk olarak]
approximatif (adj)	yaklaşık	[jaklaʃɪk]
presque (adv)	hemen	[hæmæn]
reste (m)	geri kalan	[gæri kalan]

chaque (adj)	her biri	[hær biri]
n'importe quel (adj)	herhangi biri	[hærhaŋi biri]
beaucoup (adv)	çok	[tʃok]
plusieurs (pron)	birçokları	[birtʃoklarɪ]
tous	hepsi, herkes	[hæpsi], [hærkæz]

en échange de ...	... karşılık olarak	[karʃilik olarak]
en échange (adv)	yerine	[jærinæ]
à la main (adv)	elle, el ile	[ællæ], [æʎ ilæ]
peu probable (adj)	şüpheli	[ʃyphæli]

probablement (adv)	galiba	[galiba]
exprès (adv)	mahsus	[mahsus]
par accident (adv)	tesadüfen	[tæsadyfæn]

très (adv)	pek	[pæk]
par exemple (adv)	mesela	[mæsæʎa]
entre (prep)	arasında	[arasɪnda]
parmi (prep)	ortasında	[ortasɪnda]

autant (adv)	**kadar**	[kadar]
surtout (adv)	**özellikle**	[øzæʎiklæ]

NOMBRES. DIVERS

7. Les nombres cardinaux. Partie 1
8. Les nombres cardinaux. Partie 2
9. Les nombres ordinaux

T&P Books Publishing

zéro	**sıfır**	[sıfır]
un	**bir**	[bir]
deux	**iki**	[iki]
trois	**üç**	[juʧ]
quatre	**dört**	[dørt]
cinq	**beş**	[bæʃ]
six	**altı**	[altı]
sept	**yedi**	[jædi]
huit	**sekiz**	[sækiz]
neuf	**dokuz**	[dokuz]
dix	**on**	[on]
onze	**on bir**	[on bir]
douze	**on iki**	[on iki]
treize	**on üç**	[on juʧ]
quatorze	**on dört**	[on dørt]
quinze	**on beş**	[on bæʃ]
seize	**on altı**	[on altı]
dix-sept	**on yedi**	[on jædi]
dix-huit	**on sekiz**	[on sækiz]
dix-neuf	**on dokuz**	[on dokuz]
vingt	**yirmi**	[jırmi]
vingt et un	**yirmi bir**	[jırmi bir]
vingt-deux	**yirmi iki**	[jırmi iki]
vingt-trois	**yirmi üç**	[jırmi juʧ]
trente	**otuz**	[otuz]
trente et un	**otuz bir**	[otuz bir]
trente-deux	**otuz iki**	[otuz iki]
trente-trois	**otuz üç**	[otuz juʧ]
quarante	**kırk**	[kırk]
quarante et un	**kırk bir**	[kırk bir]
quarante-deux	**kırk iki**	[kırk iki]
quarante-trois	**kırk üç**	[kırk juʧ]
cinquante	**elli**	[ælli]
cinquante et un	**elli bir**	[ælli bir]
cinquante-deux	**elli iki**	[ælli iki]
cinquante-trois	**elli üç**	[ælli juʧ]
soixante	**altmış**	[altmıʃ]

soixante et un	altmış bir	[altmıʃ bir]
soixante-deux	altmış iki	[altmıʃ iki]
soixante-trois	altmış üç	[altmıʃ jutʃ]

soixante-dix	yetmiş	[jætmiʃ]
soixante et onze	yetmiş bir	[jætmiʃ bir]
soixante-douze	yetmiş iki	[jætmiʃ iki]
soixante-treize	yetmiş üç	[jætmiʃ jutʃ]

quatre-vingts	seksen	[sæksæn]
quatre-vingt et un	seksen bir	[sæksæn bir]
quatre-vingt deux	seksen iki	[sæksæn iki]
quatre-vingt trois	seksen üç	[sæksæn jutʃ]

quatre-vingt-dix	doksan	[doksan]
quatre-vingt et onze	doksan bir	[doksan bir]
quatre-vingt-douze	doksan iki	[doksan iki]
quatre-vingt-treize	doksan üç	[doksan jutʃ]

8. Les nombres cardinaux. Partie 2

cent	yüz	[juz]
deux cents	iki yüz	[iki juz]
trois cents	üç yüz	[utʃ juz]
quatre cents	dört yüz	[dørt juz]
cinq cents	beş yüz	[bæʃ juz]

six cents	altı yüz	[altı juz]
sept cents	yedi yüz	[jædi juz]
huit cents	sekiz yüz	[sækiz juz]
neuf cents	dokuz yüz	[dokuz juz]

mille	bin	[bin]
deux mille	iki bin	[iki bin]
trois mille	üç bin	[jutʃ bin]
dix mille	on bin	[on bin]
cent mille	yüz bin	[juz bin]
million (m)	milyon	[bir miʎon]
milliard (m)	milyar	[bir miʎjar]

9. Les nombres ordinaux

premier (adj)	birinci	[birindʒi]
deuxième (adj)	ikinci	[ikindʒi]
troisième (adj)	üçüncü	[utʃundʒy]
quatrième (adj)	dördüncü	[dørdyndʒy]
cinquième (adj)	beşinci	[bæʃindʒi]
sixième (adj)	altıncı	[altındʒı]

septième (adj)	**yedinci**	[jædindʒi]
huitième (adj)	**sekizinci**	[sækizindʒi]
neuvième (adj)	**dokuzuncu**	[dokuzundʒu]
dixième (adj)	**onuncu**	[onundʒu]

T&P BOOKS

LES COULEURS.
LES UNITÉS DE MESURE

10. Les couleurs
11. Les unités de mesure
12. Les récipients

T&P Books Publishing

10. Les couleurs

couleur (f)	renk	[ræŋk]
teinte (f)	renk tonu	[ræŋk tonu]
ton (m)	renk tonu	[ræŋk tonu]
arc-en-ciel (m)	gökkuşağı	[gøkkuʃaɪ]
blanc (adj)	**beyaz**	[bæjaz]
noir (adj)	**siyah**	[sijah]
gris (adj)	**gri**	[gri]
vert (adj)	**yeşil**	[jæʃiʎ]
jaune (adj)	**sarı**	[sarı]
rouge (adj)	**kırmızı**	[kırmızı]
bleu (adj)	**mavi**	[mavi]
bleu clair (adj)	**açık mavi**	[atʃık mavi]
rose (adj)	**pembe**	[pæmbæ]
orange (adj)	**turuncu**	[turundʒu]
violet (adj)	**mor**	[mor]
brun (adj)	**kahve rengi**	[kahvæ ræŋi]
d'or (adj)	**altın**	[altın]
argenté (adj)	**gümüşü**	[gymyʃy]
beige (adj)	**bej rengi**	[bæʒ ræŋi]
crème (adj)	**krem rengi**	[kræm ræŋi]
turquoise (adj)	**turkuaz**	[turkuaz]
rouge cerise (adj)	**vişne rengi**	[viʃnæ ræŋi]
lilas (adj)	**leylak rengi**	[læjlak ræŋi]
framboise (adj)	**koyu kırmızı**	[koju kırmızı]
clair (adj)	**açık**	[atʃık]
foncé (adj)	**koyu**	[koju]
vif (adj)	**parlak**	[parlak]
de couleur (adj)	**renkli**	[ræŋkli]
en couleurs (adj)	**renkli**	[ræŋkli]
noir et blanc (adj)	**siyah-beyaz**	[sijahbæjaz]
unicolore (adj)	**tek renkli**	[tæk ræŋkli]
multicolore (adj)	**rengârenk**	[ræŋjaræŋk]

11. Les unités de mesure

poids (m)	**ağırlık**	[aɪrlık]
longueur (f)	**uzunluk**	[uzunluk]

largeur (f)	en, genişlik	[æn], [gæniʃlik]
hauteur (f)	yükseklik	[juksæklik]
profondeur (f)	derinlik	[dærinlik]
volume (m)	hacim	[hadʒim]
aire (f)	alan	[alan]

gramme (m)	gram	[gram]
milligramme (m)	miligram	[miligram]
kilogramme (m)	kilogram	[kilogram]
tonne (f)	ton	[ton]
livre (f)	libre	[libræ]
once (f)	ons	[ons]

mètre (m)	metre	[mætræ]
millimètre (m)	milimetre	[milimætræ]
centimètre (m)	santimetre	[santimætræ]
kilomètre (m)	kilometre	[kilomætræ]
mille (m)	mil	[miʎ]

pouce (m)	inç	[intʃ]
pied (m)	kadem	[kadæm]
yard (m)	yarda	[jarda]

mètre (m) carré	metre kare	[mætræ karæ]
hectare (m)	hektar	[hæktar]
litre (m)	litre	[litræ]
degré (m)	derece	[dærædʒæ]
volt (m)	volt	[voʎt]
ampère (m)	amper	[ampær]
cheval-vapeur (m)	beygir gücü	[bæjgir gydʒy]

quantité (f)	miktar	[miktar]
un peu de …	biraz …	[biraz]
moitié (f)	yarım	[jarım]
douzaine (f)	düzine	[dyzinæ]
pièce (f)	adet, tane	[adæt], [tanæ]

| dimension (f) | boyut | [bojut] |
| échelle (f) (de la carte) | ölçek | [øʎtʃæk] |

minimal (adj)	minimum	[minimum]
le plus petit (adj)	en küçük	[æn kytʃuk]
moyen (adj)	orta	[orta]
maximal (adj)	maksimum	[maksimum]
le plus grand (adj)	en büyük	[æn byjuk]

12. Les récipients

| bocal (m) en verre | kavanoz | [kavanoz] |
| boîte, canette (f) | teneke | [tænækæ] |

seau (m)	kova	[kova]
tonneau (m)	fıçı, varil	[fɪtʃɪ], [varil]
bassine, cuvette (f)	leğen	[læ:n]
cuve (f)	tank	[taŋk]
flasque (f)	matara	[matara]
jerrican (m)	benzin bidonu	[bænzin bidonu]
citerne (f)	sarnıç	[sarnɪtʃ]
tasse (f), mug (m)	kupa	[kupa]
tasse (f)	fincan	[findʒan]
soucoupe (f)	fincan tabağı	[findʒan tabaɪ]
verre (m) (~ d'eau)	bardak	[bardak]
verre (m) à vin	kadeh	[kadæ]
faitout (m)	tencere	[tændʒæræ]
bouteille (f)	şişe	[ʃiʃæ]
goulot (m)	boğaz	[boaz]
carafe (f)	sürahi	[syrahi]
pichet (m)	testi	[tæsti]
récipient (m)	kap	[kap]
pot (m)	çömlek	[tʃomlæk]
vase (m)	vazo	[vazo]
flacon (m)	şişe	[ʃiʃæ]
fiole (f)	küçük şişe	[kytʃuk ʃiʃæ]
tube (m)	tüp	[typ]
sac (m) (grand ~)	poşet, torba	[poʃæt], [torba]
sac (m) (~ en plastique)	çuval	[tʃuval]
paquet (m) (~ de cigarettes)	paket	[pakæt]
boîte (f)	kutu	[kutu]
caisse (f)	sandık	[sandɪk]
panier (m)	sepet	[sæpæt]

LES VERBES
LES PLUS IMPORTANTS

13. Les verbes les plus importants.
    Partie 1
14. Les verbes les plus importants.
    Partie 2
15. Les verbes les plus importants.
    Partie 3
16. Les verbes les plus importants.
    Partie 4

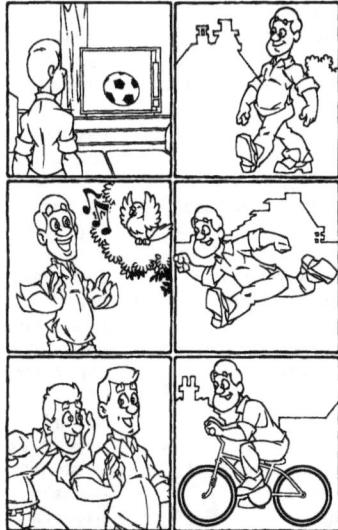

T&P Books Publishing

aider (vt)	yardım etmek	[jardım ætmæk]
aimer (qn)	sevmek	[sævmæk]
aller (à pied)	yürümek, gitmek	[jurymæk], [gitmæk]
apercevoir (vt)	farketmek	[farkætmæk]
appartenir à ...	... ait olmak	[ait olmak]
appeler (au secours)	çağırmak	[tʃaırmak]
attendre (vt)	beklemek	[bæklæmæk]
attraper (vt)	tutmak	[tutmak]
avertir (vt)	uyarmak	[ujarmak]
avoir (vt)	sahip olmak	[sahip olmak]
avoir confiance	güvenmek	[gyvænmæk]
avoir faim	yemek istemek	[jæmæk istæmæk]
avoir peur	korkmak	[korkmak]
avoir soif	içmek istemek	[itʃmæk istæmæk]
cacher (vt)	saklamak	[saklamak]
casser (briser)	kırmak	[kırmak]
cesser (vt)	durdurmak	[durdurmak]
changer (vt)	değiştirmek	[dæiʃtirmæk]
chasser (animaux)	avlamak	[avlamak]
chercher (vt)	aramak	[aramak]
choisir (vt)	seçmek	[sætʃmæk]
commander (~ le menu)	sipariş etmek	[sipariʃ ætmæk]
commencer (vt)	başlamak	[baʃlamak]
comparer (vt)	karşılaştırmak	[karʃılaʃtırmak]
comprendre (vt)	anlamak	[anlamak]
compter (dénombrer)	saymak	[sajmak]
compter sur ...	... güvenmek	[gyvænmæk]
confondre (vt)	ayırt edememek	[ajırt ædæmæmæk]
connaître (qn)	tanımak	[tanımak]
conseiller (vt)	tavsiye etmek	[tavsijæ ætmæk]
continuer (vt)	devam etmek	[dævam ætmæk]
contrôler (vt)	kontrol etmek	[kontroʎ ætmæk]
courir (vi)	koşmak	[koʃmak]
coûter (vt)	değerinde olmak	[dæ:rindæ olmak]
créer (vt)	oluşturmak	[oluʃturmak]
creuser (vt)	kazmak	[kazmak]
crier (vi)	bağırmak	[baırmak]

14. Les verbes les plus importants. Partie 2

décorer (~ la maison)	süslemek	[syslæmæk]
défendre (vt)	savunmak	[savunmak]
déjeuner (vi)	öğle yemeği yemek	[øjlæ jæmæi jæmæk]
demander (~ l'heure)	sormak	[sormak]
demander (de faire qch)	rica etmek	[ridʒa ætmæk]

descendre (vi)	aşağı inmek	[aʃaɪ inmæk]
deviner (vt)	doğru tahmin etmek	[do:ru tahmin ætmæk]
dîner (vi)	akşam yemeği yemek	[akʃam jæmæi jæmæk]
dire (vt)	söylemek	[søjlæmæk]
diriger (~ une usine)	yönetmek	[jonætmæk]
discuter (vt)	görüşmek	[gøryʃmæk]

donner (vt)	vermek	[værmæk]
donner un indice	ipucu vermek	[ipudʒu værmæk]
douter (vt)	tereddüt etmek	[tæræddyt ætmæk]
écrire (vt)	yazmak	[jazmak]
entendre (bruit, etc.)	duymak	[dujmak]

entrer (vi)	girmek	[girmæk]
envoyer (vt)	göndermek	[gøndærmæk]
espérer (vi)	ummak	[ummak]
essayer (vt)	denemek	[dænæmæk]

être (vi)	olmak	[olmak]
être d'accord	razı olmak	[razɪ olmak]

être nécessaire	gerekmek	[gærækmæk]
être pressé	acele etmek	[adʒælæ ætmæk]

étudier (vt)	öğrenmek	[øjrænmæk]
excuser (vt)	affetmek	[afætmæk]
exiger (vt)	talep etmek	[talæp ætmæk]

exister (vi)	var olmak	[var olmak]
expliquer (vt)	izah etmek	[izah ætmæk]

faire (vt)	yapmak, etmek	[japmak], [ætmæk]
faire tomber	düşürmek	[dyʃyrmæk]
finir (vt)	bitirmek	[bitirmæk]

garder (conserver)	saklamak	[saklamak]
gronder, réprimander (vt)	sövmek	[søvmæk]

informer (vt)	bilgi vermek	[biʌgi værmæk]
insister (vi)	ısrar etmek	[ɪsrar ætmæk]
insulter (vt)	hakaret etmek	[hakaræt ætmæk]
inviter (vt)	davet etmek	[davæt ætmæk]
jouer (s'amuser)	oynamak	[ojnamak]

15. Les verbes les plus importants. Partie 3

libérer (ville, etc.)	özgür bırakmak	[øzgyr bırakmak]
lire (vi, vt)	okumak	[okumak]
louer (prendre en location)	kiralamak	[kiralamak]
manquer (l'école)	gelmemek	[gæʌmæmæk]
menacer (vt)	tehdit etmek	[tæhdit ætmæk]
mentionner (vt)	anmak	[anmak]
montrer (vt)	göstermek	[gøstærmæk]
nager (vi)	yüzmek	[juzmæk]
objecter (vt)	itiraz etmek	[itiraz ætmæk]
observer (vt)	gözlemlemek	[gøzlæmlæmæk]
ordonner (mil.)	emretmek	[æmrætmæk]
oublier (vt)	unutmak	[unutmak]
ouvrir (vt)	açmak	[atʃmak]
pardonner (vt)	affetmek	[afætmæk]
parler (vi, vt)	konuşmak	[konuʃmak]
participer à ...	katılmak	[katılmak]
payer (régler)	ödemek	[ødæmæk]
penser (vi, vt)	düşünmek	[dyʃynmæk]
permettre (vt)	izin vermek	[izin værmæk]
plaire (être apprécié)	hoşlanmak	[hoʃlanmak]
plaisanter (vi)	şaka yapmak	[ʃaka japmak]
planifier (vt)	planlamak	[pʌanlamak]
pleurer (vi)	ağlamak	[a:lamak]
posséder (vt)	sahip olmak	[sahip olmak]
pouvoir (v aux)	yapabilmek	[japabiʌmæk]
préférer (vt)	tercih etmek	[tærdʒih ætmæk]
prendre (vt)	almak	[almak]
prendre en note	not almak	[not almak]
prendre le petit déjeuner	kahvaltı yapmak	[kahvaltı japmak]
préparer (le dîner)	pişirmek	[piʃirmæk]
prévoir (vt)	önceden görmek	[øndʒædæn gørmæk]
prier (~ Dieu)	dua etmek	[dua ætmæk]
promettre (vt)	vaat etmek	[va:t ætmæk]
prononcer (vt)	telâffuz etmek	[tæʌafuz ætmæk]
proposer (vt)	önermek	[ønærmæk]
punir (vt)	cezalandırmak	[dʒæzalandırmak]

16. Les verbes les plus importants. Partie 4

recommander (vt)	tavsiye etmek	[tavsijæ ætmæk]
regretter (vt)	üzülmek	[juzylmæk]

répéter (dire encore)	tekrar etmek	[tækrar ætmæk]
répondre (vi, vt)	cevap vermek	[dʒævap værmæk]
réserver (une chambre)	rezerve etmek	[ræzærvæ ætmæk]

rester silencieux	susmak	[susmak]
réunir (regrouper)	birleştirmek	[birlæʃtirmæk]
rire (vi)	gülmek	[gyʎmæk]
s'arrêter (vp)	durmak	[durmak]
s'asseoir (vp)	oturmak	[oturmak]

sauver (la vie à qn)	kurtarmak	[kurtarmak]
savoir (qch)	bilmek	[biʎmæk]
se baigner (vp)	suya girmek	[suja girmæk]
se plaindre (vp)	şikayet etmek	[ʃikajæt ætmæk]
se refuser (vp)	reddetmek	[ræddætmæk]

se tromper (vp)	hata yapmak	[hata japmak]
se vanter (vp)	övünmek	[øvynmæk]
s'étonner (vp)	şaşırmak	[ʃaʃɯrmak]
s'excuser (vp)	özür dilemek	[øzyr dilæmæk]
signer (vt)	imzalamak	[imzalamak]

signifier (vt)	anlamına gelmek	[anlamina gæʎmæk]
s'intéresser (vp)	ilgilenmek	[iʎgilænmæk]
sortir (aller dehors)	çıkmak	[tʃɯkmak]
sourire (vi)	gülümsemek	[gylymsæmæk]
sous-estimer (vt)	değerini bilmemek	[dæ:rini bilmæmæk]

suivre ... (suivez-moi)	... takip etmek	[takip ætmæk]
tirer (vi)	ateş etmek	[atæʃ ætmæk]
tomber (vi)	düşmek	[dyʃmæk]
toucher (avec les mains)	ellemek	[ællæmæk]
tourner (~ à gauche)	dönmek	[dønmæk]

traduire (vt)	çevirmek	[tʃævirmæk]
travailler (vi)	çalışmak	[tʃalɯʃmak]
tromper (vt)	aldatmak	[aldatmak]
trouver (vt)	bulmak	[bulmak]
tuer (vt)	öldürmek	[øldyrmæk]
vendre (vt)	satmak	[satmak]

venir (vi)	gelmek	[gæʎmæk]
voir (vt)	görmek	[gørmæk]
voler (avion, oiseau)	uçmak	[utʃmak]
voler (qch à qn)	çalmak	[tʃalmak]
vouloir (vt)	istemek	[istæmæk]

T&P BOOKS

LA NOTION DE TEMPS. LE CALENDRIER

17. Les jours de la semaine
18. Les heures. Le jour et la nuit
19. Les mois. Les saisons

T&P Books Publishing

lundi (m)	**Pazartesi**	[pazartæsi]
mardi (m)	**Salı**	[salı]
mercredi (m)	**Çarşamba**	[tʃarʃamba]
jeudi (m)	**Perşembe**	[pærʃæmbæ]
vendredi (m)	**Cuma**	[dʒuma]
samedi (m)	**Cumartesi**	[dʒumartæsi]
dimanche (m)	**Pazar**	[pazar]
aujourd'hui (adv)	**bugün**	[bugyn]
demain (adv)	**yarın**	[jarın]
après-demain (adv)	**öbür gün**	[øbyr gyn]
hier (adv)	**dün**	[dyn]
avant-hier (adv)	**evvelki gün**	[ævvælki gyn]
jour (m)	**gün**	[gyn]
jour (m) ouvrable	**iş günü**	[iʃ gyny]
jour (m) férié	**bayram günü**	[bajram gyny]
jour (m) de repos	**tatil günü**	[tatil gyny]
week-end (m)	**hafta sonu**	[hafta sonu]
toute la journée	**bütün gün**	[bytyn gyn]
le lendemain	**ertesi gün**	[ærtæsi gyn]
il y a 2 jours	**iki gün önce**	[iki gyn øndʒæ]
la veille	**bir gün önce**	[bir gyn øndʒæ]
quotidien (adj)	**günlük**	[gynlyk]
tous les jours	**her gün**	[hær gyn]
semaine (f)	**hafta**	[hafta]
la semaine dernière	**geçen hafta**	[gætʃæn hafta]
la semaine prochaine	**gelecek hafta**	[gæʎdʒæk hafta]
hebdomadaire (adj)	**haftalık**	[haftalık]
chaque semaine	**her hafta**	[hær hafta]
2 fois par semaine	**haftada iki kez**	[haftada iki kæz]
tous les mardis	**her Salı**	[hær salı]

matin (m)	**sabah**	[sabah]
le matin	**sabahleyin**	[sabahlæjın]
midi (m)	**öğle, gün ortası**	[øjlæ], [gyn ortası]
dans l'après-midi	**öğleden sonra**	[øjlædæn sonra]
soir (m)	**akşam**	[akʃam]

le soir	akşamleyin	[akʃamlæjɪn]
nuit (f)	gece	[gæʤæ]
la nuit	geceleyin	[gæʤælæjɪn]
minuit (f)	gece yarısı	[gæʤæ jarısı]

seconde (f)	saniye	[sanijæ]
minute (f)	dakika	[dakika]
heure (f)	saat	[sa:t]
demi-heure (f)	yarım saat	[jarım sa:t]
un quart d'heure	çeyrek saat	[tʃæjræk sa:t]
quinze minutes	on beş dakika	[on bæʃ dakika]
vingt-quatre heures	yirmi dört saat	[jɪrmi dørt sa:t]

lever (m) du soleil	güneşin doğuşu	[gynæʃin douʃu]
aube (f)	şafak	[ʃafak]
point (m) du jour	sabah erken	[sabah ærkæn]
coucher (m) du soleil	güneş batışı	[gynæʃ batıʃı]

tôt le matin	sabahın köründe	[sabahın køryndæ]
ce matin	bu sabah	[bu sabah]
demain matin	yarın sabah	[jarın sabah]

cet après-midi	bu ikindi	[bu ikindi]
dans l'après-midi	öğleden sonra	[øjlædæn sonra]
demain après-midi	yarın öğleden sonra	[jarın øælædæn sonra]

| ce soir | bu akşam | [bu akʃam] |
| demain soir | yarın akşam | [jarın akʃam] |

à 3 heures précises	tam saat üçte	[tam sa:t jutʃtæ]
autour de 4 heures	saat dört civarında	[sa:t dørt ʤivarında]
vers midi	saat on ikiye doğru	[sa:t on ikijæ do:ru]

dans 20 minutes	yirmi dakika içinde	[jɪrmi dakika itʃindæ]
dans une heure	bir saat sonra	[bir sa:t sonra]
à temps	zamanında	[zamanında]

... moins le quart	çeyrek kala	[tʃæjræk kala]
en une heure	bir saat içinde	[bir sa:t itʃindæ]
tous les quarts d'heure	her on beş dakika	[hær on bæʃ dakika]
24 heures sur 24	gece gündüz	[gæʤæ gyndyz]

19. Les mois. Les saisons

janvier (m)	ocak	[oʤak]
février (m)	şubat	[ʃubat]
mars (m)	mart	[mart]
avril (m)	nisan	[nisan]
mai (m)	mayıs	[majıs]
juin (m)	haziran	[haziran]

juillet (m)	temmuz	[tæmmuz]
août (m)	ağustos	[aːustos]
septembre (m)	eylül	[æjlyʎ]
octobre (m)	ekim	[ækim]
novembre (m)	kasım	[kasım]
décembre (m)	aralık	[aralık]

printemps (m)	ilkbahar	[iʎkbahar]
au printemps	ilkbaharda	[iʎkbaharda]
de printemps (adj)	ilkbahar	[iʎkbahar]

été (m)	yaz	[jaz]
en été	yazın	[jazın]
d'été (adj)	yaz	[jaz]

automne (m)	sonbahar	[sonbahar]
en automne	sonbaharda	[sonbaharda]
d'automne (adj)	sonbahar	[sonbahar]

hiver (m)	kış	[kıʃ]
en hiver	kışın	[kıʃin]
d'hiver (adj)	kış, kışlık	[kıʃ], [kıʃlık]

mois (m)	ay	[aj]
ce mois	bu ay	[bu aj]
le mois prochain	gelecek ay	[gælædʒæk aj]
le mois dernier	geçen ay	[gætʃæn aj]

il y a un mois	bir ay önce	[bir aj øndʒæ]
dans un mois	bir ay sonra	[bir aj sonra]
dans 2 mois	iki ay sonra	[iki aj sonra]
tout le mois	tüm ay	[tym aj]
tout un mois	bütün ay	[bytyn aj]

mensuel (adj)	aylık	[ajlık]
mensuellement	her ay	[hær aj]
chaque mois	her ay	[hær aj]
2 fois par mois	ayda iki kez	[ajda iki kæz]

année (f)	yıl, sene	[jıl], [sænæ]
cette année	bu sene, bu yıl	[bu sænæ], [bu jıl]
l'année prochaine	gelecek sene	[gælædʒæk sænæ]
l'année dernière	geçen sene	[gætʃæn sænæ]

il y a un an	bir yıl önce	[bir jıl øndʒæ]
dans un an	bir yıl sonra	[bir jıl sonra]
dans 2 ans	iki yıl sonra	[iki jıl sonra]
toute l'année	tüm yıl	[tym jıl]
toute une année	bütün yıl	[bytyn jıl]

| chaque année | her sene | [hær sænæ] |
| annuel (adj) | yıllık | [jıllık] |

| annuellement | her yıl | [hær jıl] |
| 4 fois par an | yılda dört kere | [jılda dørt kæræ] |

date (f) (jour du mois)	tarih	[tarih]
date (f) (~ mémorable)	tarih	[tarih]
calendrier (m)	takvim	[takvim]

six mois	yarım yıl	[jarım jıl]
semestre (m)	altı ay	[altı aj]
saison (f)	mevsim	[mævsim]
siècle (m)	yüzyıl	[juz jıl]

LES VOYAGES. L'HÔTEL

20. Les voyages. Les excursions
21. L'hôtel
22. Le tourisme

T&P Books Publishing

20. Les voyages. Les excursions

tourisme (m)	**turizm**	[turizm]
touriste (m)	**turist**	[turist]
voyage (m) (à l'étranger)	**seyahat**	[sæjahat]
aventure (f)	**macera**	[madʒæra]
voyage (m)	**gezi**	[gæzi]
vacances (f pl)	**izin**	[izin]
être en vacances	**izinli olmak**	[izinli olmak]
repos (m) (jours de ~)	**istirahat**	[istirahat]
train (m)	**tren**	[træn]
en train	**trenle**	[trænlæ]
avion (m)	**uçak**	[utʃak]
en avion	**uçakla**	[utʃakla]
en voiture	**arabayla**	[arabajla]
en bateau	**gemide**	[gæmidæ]
bagage (m)	**bagaj**	[bagaʒ]
malle (f)	**bavul**	[bavul]
chariot (m)	**bagaj arabası**	[bagaʒ arabası]
passeport (m)	**pasaport**	[pasaport]
visa (m)	**vize**	[vizæ]
ticket (m)	**bilet**	[bilæt]
billet (m) d'avion	**uçak bileti**	[utʃak bilæti]
guide (m) (livre)	**rehber**	[ræhbær]
carte (f)	**harita**	[harita]
région (f) (~ rurale)	**alan**	[alan]
endroit (m)	**yer**	[jær]
exotisme (m)	**egzotik**	[ækzotik]
exotique (adj)	**egzotik**	[ækzotik]
étonnant (adj)	**şaşırtıcı**	[ʃaʃırtıdʒı]
groupe (m)	**grup**	[grup]
excursion (f)	**gezi**	[gæzi]
guide (m) (personne)	**rehber**	[ræhbær]

21. L'hôtel

hôtel (m)	**otel**	[otæʎ]
motel (m)	**motel**	[motæʎ]

3 étoiles	üç yıldızlı	[juʧ jıldızlı]
5 étoiles	beş yıldızlı	[bæʃ jıldızlı]
descendre (à l'hôtel)	kalmak	[kalmak]
chambre (f)	oda	[oda]
chambre (f) simple	tek kişilik oda	[tæk kiʃilik oda]
chambre (f) double	iki kişilik oda	[iki kiʃilik oda]
réserver une chambre	oda ayırtmak	[oda aırtmak]
demi-pension (f)	yarım pansiyon	[jarım pansʲon]
pension (f) complète	tam pansiyon	[tam pansʲon]
avec une salle de bain	banyolu	[baɲjolu]
avec une douche	duşlu	[duʃlu]
télévision (f) par satellite	uydu televizyonu	[ujdu tælævizʲonu]
climatiseur (m)	klima	[klima]
serviette (f)	havlu	[havlu]
clé (f)	anahtar	[anahtar]
administrateur (m)	idareci	[idaræʤi]
femme (f) de chambre	hizmetçi	[hizmæʧi]
porteur (m)	hamal	[hamal]
portier (m)	kapıcı	[kapıʤı]
restaurant (m)	restoran	[ræstoran]
bar (m)	bar	[bar]
petit déjeuner (m)	kahvaltı	[kahvaltı]
dîner (m)	akşam yemeği	[akʃam jæmæi]
buffet (m)	açık büfe	[aʧık byfæ]
hall (m)	lobi	[lobi]
ascenseur (m)	asansör	[asansør]
PRIÈRE DE NE PAS DÉRANGER	RAHATSIZ ETMEYIN	[rahatsız ætmæjın]
DÉFENSE DE FUMER	SİGARA İÇİLMEZ	[sigara itʃiʎmæz]

22. Le tourisme

monument (m)	anıt	[anıt]
forteresse (f)	kale	[kalæ]
palais (m)	saray	[saraj]
château (m)	şato	[ʃato]
tour (f)	kule	[kulæ]
mausolée (m)	anıtkabir	[anıtkabir]
architecture (f)	mimarlık	[mimarlik]
médiéval (adj)	ortaçağ	[ortaʧa:]
ancien (adj)	antik, eski	[antik], [æski]
national (adj)	milli	[milli]

connu (adj)	**meşhur**	[mæʃhur]
touriste (m)	**turist**	[turist]
guide (m) (personne)	**rehber**	[ræhbær]
excursion (f)	**gezi**	[gæzi]
montrer (vt)	**göstermek**	[gøstærmæk]
raconter (une histoire)	**anlatmak**	[anlatmak]
trouver (vt)	**bulmak**	[bulmak]
se perdre (vp)	**kaybolmak**	[kajbolmak]
plan (m) (du metro, etc.)	**şema**	[ʃæma]
carte (f) (de la ville, etc.)	**plan**	[pʎan]
souvenir (m)	**hediye**	[hædijæ]
boutique (f) de souvenirs	**hediyelik eşya mağazası**	[hædijælik æʃja ma:zası]
prendre en photo	**fotoğraf çekmek**	[fotoraf ʧækmæk]
se faire prendre en photo	**fotoğraf çektirmek**	[fotoraf ʧæktirmæk]

LES TRANSPORTS

23. L'aéroport
24. L'avion
25. Le train
26. Le bateau

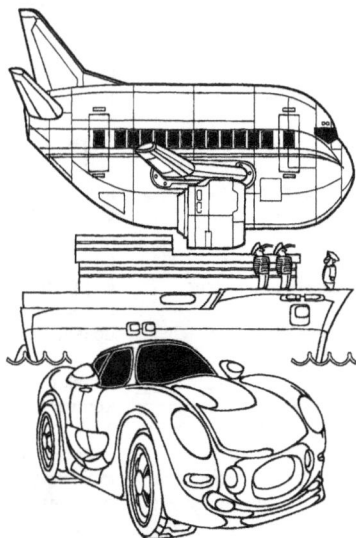

T&P Books Publishing

aéroport (m)	havaalanı	[hava:lanı]
avion (m)	uçak	[utʃak]
compagnie (f) aérienne	hava yolları şirketi	[hava jolları ʃirkæti]
contrôleur (m) aérien	hava trafik kontrolörü	[hava trafik kontroløry]
départ (m)	kalkış	[kalkıʃ]
arrivée (f)	varış	[varıʃ]
arriver (par avion)	varmak	[varmak]
temps (m) de départ	kalkış saati	[kalkıʃ sa:ti]
temps (m) d'arrivée	iniş saati	[iniʃ sa:ti]
être retardé	gecikmek	[gædʒikmæk]
retard (m) de l'avion	gecikme	[gædʒikmæ]
tableau (m) d'informations	bilgi panosu	[biʎgi panosu]
information (f)	danışma	[danıʃma]
annoncer (vt)	anons etmek	[anons ætmæk]
vol (m)	uçuş, sefer	[utʃuʃ], [sæfær]
douane (f)	gümrük	[gymryk]
douanier (m)	gümrükçü	[gymryktʃu]
déclaration (f) de douane	gümrük beyannamesi	[gymryk bæjaŋamæsi]
remplir la déclaration	beyanname doldurmak	[bæjaŋamæ doldurmak]
contrôle (m) de passeport	pasaport kontrol	[pasaport kontroʎ]
bagage (m)	bagaj	[bagaʒ]
bagage (m) à main	el bagajı	[æʎ bagaʒı]
service des objets trouvés	kayıp eşya bürosu	[kajıp æʃja byrosu]
chariot (m)	bagaj arabası	[bagaʒ arabası]
atterrissage (m)	iniş	[iniʃ]
piste (f) d'atterrissage	iniş pisti	[iniʃ pisti]
atterrir (vi)	inmek	[inmæk]
escalier (m) d'avion	uçak merdiveni	[utʃak mærdivæni]
enregistrement (m)	check-in	[tʃækin]
comptoir (m) d'enregistrement	kontuar check-in	[kontuar tʃækin]
s'enregistrer (vp)	check-in yapmak	[tʃækin japmak]
carte (f) d'embarquement	biniş kartı	[biniʃ kartı]
porte (f) d'embarquement	çıkış kapısı	[tʃıkıʃ kapısı]
transit (m)	transit	[transit]

attendre (vt)	beklemek	[bæklæmæk]
salle (f) d'attente	bekleme salonu	[bæklæmæ salonu]
raccompagner	yolcu etmek	[joldʒu ætmæk]
(à l'aéroport, etc.)		
dire au revoir	vedalaşmak	[vædalaʃmak]

24. L'avion

avion (m)	uçak	[utʃak]
billet (m) d'avion	uçak bileti	[utʃak bilæti]
compagnie (f) aérienne	hava yolları şirketi	[hava jolları ʃirkæti]
aéroport (m)	havaalanı	[hava:lanı]
supersonique (adj)	sesüstü	[sæsysty]

commandant (m) de bord	kaptan pilot	[kaptan pilot]
équipage (m)	ekip	[ækip]
pilote (m)	pilot	[pilot]
hôtesse (f) de l'air	hostes	[hostæs]
navigateur (m)	seyrüseferci	[sæjrysæfærdʒi]

ailes (f pl)	kanatlar	[kanatlar]
queue (f)	kuyruk	[kujruk]
cabine (f)	kabin	[kabin]
moteur (m)	motor	[motor]
train (m) d'atterrissage	iniş takımı	[iniʃ takımı]
turbine (f)	türbin	[tyrbin]

hélice (f)	pervane	[pærvanæ]
boîte (f) noire	kara kutu	[kara kutu]
gouvernail (m)	kumanda kolu	[kumanda kolu]
carburant (m)	yakıt	[jakıt]

consigne (f) de sécurité	güvenlik kartı	[gyvænlik kartı]
masque (m) à oxygène	oksijen maskesi	[oksiʒæn maskæsi]
uniforme (m)	üniforma	[juniforma]
gilet (m) de sauvetage	can yeleği	[dʒan jælæi]
parachute (m)	paraşüt	[paraʃyt]

décollage (m)	kalkış	[kalkıʃ]
décoller (vi)	kalkmak	[kalkmak]
piste (f) de décollage	kalkış pisti	[kalkıʃ pisti]

visibilité (f)	görüş	[gøryʃ]
vol (m) (~ d'oiseau)	uçuş	[utʃuʃ]
altitude (f)	yükseklik	[juksæklik]
trou (m) d'air	hava boşluğu	[hava boʃlu:]

place (f)	yer	[jær]
écouteurs (m pl)	kulaklık	[kulaklık]
tablette (f)	katlanır tepsi	[katlanır tæpsi]

| hublot (m) | pencere | [pændʒæræ] |
| couloir (m) | koridor | [koridor] |

25. Le train

train (m)	tren	[træn]
train (m) de banlieue	elektrikli tren	[ælæktrikli træn]
TGV (m)	hızlı tren	[hɪzlɪ træn]
locomotive (f) diesel	dizel lokomotifi	[dizæʎ lokomotifi]
locomotive (f) à vapeur	lokomotif	[lokomotif]

| wagon (m) | vagon | [vagon] |
| wagon-restaurant (m) | vagon restoran | [vagon ræstoran] |

rails (m pl)	ray	[raj]
chemin (m) de fer	demir yolu	[dæmir jolu]
traverse (f)	travers	[traværs]

quai (m)	peron	[pæron]
voie (f)	yol	[jol]
sémaphore (m)	semafor	[sæmafor]
station (f)	istasyon	[istasʲon]

conducteur (m) de train	makinist	[makinist]
porteur (m)	hamal	[hamal]
steward (m)	kondüktör	[kondyktør]
passager (m)	yolcu	[joldʒu]
contrôleur (m) de billets	kondüktör	[kondyktør]

| couloir (m) | koridor | [koridor] |
| frein (m) d'urgence | imdat freni | [imdat fræni] |

compartiment (m)	kompartıman	[kompartɪman]
couchette (f)	yatak	[jatak]
couchette (f) d'en haut	üst yatak	[just jatak]
couchette (f) d'en bas	alt yatak	[alt jatak]
linge (m) de lit	yatak takımı	[jatak takɪmɪ]

ticket (m)	bilet	[bilæt]
horaire (m)	tarife	[tarifæ]
tableau (m) d'informations	sefer tarifesi	[sæfær tarifæsi]

partir (vi)	kalkmak	[kalkmak]
départ (m) (du train)	kalkış	[kalkɪʃ]
arriver (le train)	varmak	[varmak]
arrivée (f)	varış	[varɪʃ]

arriver en train	trenle gelmek	[trænlæ gæʎmæk]
prendre le train	trene binmek	[trænæ binmæk]
descendre du train	trenden inmek	[trændæn inmæk]

locomotive (f) à vapeur	lokomotif	[lokomotif]
chauffeur (m)	ocakçı	[oʤaktʃı]
chauffe (f)	ocak	[oʤak]
charbon (m)	kömür	[kømyr]

26. Le bateau

| bateau (m) | gemi | [gæmi] |
| navire (m) | tekne | [tæknæ] |

bateau (m) à vapeur	vapur	[vapur]
paquebot (m)	dizel motorlu gemi	[dizæʎ motorlu gæmi]
bateau (m) de croisière	büyük gemi	[byjuk gæmi]
croiseur (m)	kruvazör	[kruvazør]

yacht (m)	yat	[jat]
remorqueur (m)	römorkör	[rømorkør]
péniche (f)	yük dubası	[juk dubası]
ferry (m)	feribot	[færibot]

| voilier (m) | yelkenli gemi | [jælkænli gæmi] |
| brigantin (m) | gulet | [gulæt] |

| brise-glace (m) | buzkıran | [buzkıran] |
| sous-marin (m) | denizaltı | [dænizaltı] |

canot (m) à rames	kayık	[kajık]
dinghy (m)	filika	[filika]
canot (m) de sauvetage	cankurtaran filikası	[ʤaŋkurtaran filikası]
canot (m) à moteur	sürat teknesi	[syrat tæknæsi]

capitaine (m)	kaptan	[kaptan]
matelot (m)	tayfa	[tajfa]
marin (m)	denizci	[dænizʤi]
équipage (m)	mürettebat	[myrættæbat]

maître (m) d'équipage	lostromo	[lostromo]
mousse (m)	miço	[mitʃo]
cuisinier (m) du bord	gemi aşçısı	[gæmi aʃtʃısı]
médecin (m) de bord	gemi doktoru	[gæmi doktoru]

pont (m)	güverte	[gyværtæ]
mât (m)	direk	[diræk]
voile (f)	yelken	[jæʎkæn]

cale (f)	ambar	[ambar]
proue (f)	geminin baş tarafı	[gæminin baʃ tarafı]
poupe (f)	kıç	[kıtʃ]
rame (f)	kürek	[kyræk]
hélice (f)	pervane	[pærvanæ]

cabine (f)	kamara	[kamara]
carré (m) des officiers	subay yemek salonu	[subaj jæmæk salonu]
salle (f) des machines	makine dairesi	[makinæ dairæsi]
passerelle (f)	kaptan köprüsü	[kaptan køprysy]
cabine (f) de T.S.F.	telsiz odası	[tælsiz odası]
onde (f)	dalga	[dalga]
journal (m) de bord	gemi jurnali	[gæmi ʒurnalı]
longue-vue (f)	tek dürbün	[tæk dyrbyn]
cloche (f)	çan	[ʧan]
pavillon (m)	bayrak	[bajrak]
grosse corde (f) tressée	halat	[halat]
nœud (m) marin	düğüm	[dyjum]
rampe (f)	vardavela	[vardavæla]
passerelle (f)	iskele	[iskælæ]
ancre (f)	çapa, demir	[ʧapa], [dæmir]
lever l'ancre	demir almak	[dæmir almak]
jeter l'ancre	demir atmak	[dæmir atmak]
chaîne (f) d'ancrage	çapa zinciri	[ʧapa zindʒiri]
port (m)	liman	[liman]
embarcadère (m)	iskele, rıhtım	[iskælæ], [rihtim]
accoster (vi)	yanaşmak	[janaʃmak]
larguer les amarres	iskeleden ayrılmak	[iskælædæn ajrılmak]
voyage (m) (à l'étranger)	seyahat	[sæjahat]
croisière (f)	gemi turu	[gæmi turu]
cap (m) (suivre un ~)	seyir	[sæjır]
itinéraire (m)	rota	[rota]
chenal (m)	seyir koridoru	[sæjır koridoru]
bas-fond (m)	sığlık	[sıːlık]
échouer sur un bas-fond	karaya oturmak	[karaja oturmak]
tempête (f)	fırtına	[fırtına]
signal (m)	sinyal	[sinjaʎ]
sombrer (vi)	batmak	[batmak]
SOS (m)	SOS	[æs o æs]
bouée (f) de sauvetage	can simidi	[dʒan simidi]

T&P BOOKS

LA VILLE

27. Les transports en commun
28. La ville. La vie urbaine
29. Les institutions urbaines
30. Les enseignes. Les panneaux
31. Le shopping

T&P Books Publishing

autobus (m)	**otobüs**	[otobys]
tramway (m)	**tramvay**	[tramvaj]
trolleybus (m)	**troleybüs**	[trolæjbys]
itinéraire (m)	**rota**	[rota]
numéro (m)	**numara**	[numara]
prendre ...	**... gitmek**	[gitmæk]
monter (dans l'autobus)	**... binmek**	[binmæk]
descendre de ...	**... inmek**	[inmæk]
arrêt (m)	**durak**	[durak]
arrêt (m) prochain	**sonraki durak**	[sonraki durak]
terminus (m)	**son durak**	[son durak]
horaire (m)	**tarife**	[tarifæ]
attendre (vt)	**beklemek**	[bæklæmæk]
ticket (m)	**bilet**	[bilæt]
prix (m) du ticket	**bilet fiyatı**	[bilæt fijatı]
caissier (m)	**kasiyer**	[kasijær]
contrôle (m) des tickets	**bilet kontrolü**	[bilæt kontroly]
contrôleur (m)	**kondüktör**	[kondyktør]
être en retard	**gecikmek**	[gædʒikmæk]
rater (~ le train)	**... kaçırmak**	[katʃirmak]
se dépêcher	**acele etmek**	[adʒælæ ætmæk]
taxi (m)	**taksi**	[taksi]
chauffeur (m) de taxi	**taksici**	[taksidʒi]
en taxi	**taksiyle**	[taksi:læ]
arrêt (m) de taxi	**taksi durağı**	[taksi duraı]
appeler un taxi	**taksi çağırmak**	[taksi tʃaırmak]
prendre un taxi	**taksi tutmak**	[taksi tutmak]
trafic (m)	**trafik**	[trafik]
embouteillage (m)	**trafik sıkışıklığı**	[trafik sıkıʃıklı:]
heures (f pl) de pointe	**bitirim ikili**	[bitirim ikili]
se garer (vp)	**park etmek**	[park ætmæk]
garer (vt)	**park etmek**	[park ætmæk]
parking (m)	**park yeri**	[park jæri]
métro (m)	**metro**	[mætro]
station (f)	**istasyon**	[istasʲon]
prendre le métro	**metroya binmek**	[mætroja binmæk]

| train (m) | tren | [træn] |
| gare (f) | istasyon | [istasʲon] |

28. La ville. La vie urbaine

ville (f)	kent, şehir	[kænt], [ʃæhir]
capitale (f)	başkent	[baʃkænt]
village (m)	köy	[køj]

plan (m) de la ville	şehir planı	[ʃæhir planı]
centre-ville (m)	şehir merkezi	[ʃæhir mærkæzi]
banlieue (f)	varoş	[varoʃ]
de banlieue (adj)	banliyö	[banʌjo]

périphérie (f)	şehir kenarı	[ʃæhir kænarı]
alentours (m pl)	çevre	[ʧævræ]
quartier (m)	mahalle	[mahalæ]
quartier (m) résidentiel	yerleşim bölgesi	[jærlæʃim bøʌgæsi]

trafic (m)	trafik	[trafik]
feux (m pl) de circulation	trafik ışıkları	[trafik iʃıkları]
transport (m) urbain	toplu taşıma	[toplu taʃima]
carrefour (m)	kavşak	[kavʃak]

passage (m) piéton	yaya geçidi	[jaja gæʧidi]
passage (m) souterrain	yeraltı geçidi	[jæraltı gæʧidi]
traverser (vt)	geçmek	[gæʧmæk]
piéton (m)	yaya	[jaja]
trottoir (m)	yaya kaldırımı	[jaja kaldırımı]

| pont (m) | köprü | [køpry] |
| quai (m) | rıhtım | [rıhtım] |

allée (f)	park yolu	[park jolu]
parc (m)	park	[park]
boulevard (m)	bulvar	[buʌvar]
place (f)	meydan	[mæjdan]
avenue (f)	geniş cadde	[gæniʃ dʒaddæ]
rue (f)	sokak, cadde	[sokak], [dʒaddæ]
ruelle (f)	ara sokak	[ara sokak]
impasse (f)	çıkmaz sokak	[ʧıkmaz sokak]

maison (f)	ev	[æv]
édifice (m)	bina	[bina]
gratte-ciel (m)	gökdelen	[gøkdælæn]

façade (f)	cephe	[dʒæphæ]
toit (m)	çatı	[ʧatı]
fenêtre (f)	pencere	[pændʒæræ]
arc (m)	kemer	[kæmær]

| colonne (f) | sütün | [sytyn] |
| coin (m) | köşe | [køʃæ] |

vitrine (f)	vitrin	[vitrin]
enseigne (f)	levha	[lævha]
affiche (f)	afiş	[afiʃ]
affiche (f) publicitaire	reklam panosu	[ræklam panosu]
panneau-réclame (m)	reklam panosu	[ræklam panosu]

ordures (f pl)	çöp	[tʃop]
poubelle (f)	çöp tenekesi	[tʃop tænækæsi]
jeter à terre	çöp atmak	[tʃop atmak]
décharge (f)	çöplük	[tʃoplyk]

cabine (f) téléphonique	telefon kulübesi	[tælæfon kylybæsi]
réverbère (m)	fener direği	[fænær diræi]
banc (m)	bank	[baŋk]

policier (m)	erkek polis	[ærkæk polis]
police (f)	polis	[polis]
clochard (m)	dilenci	[dilændʒi]
sans-abri (m)	evsiz	[ævsiz]

29. Les institutions urbaines

magasin (m)	mağaza	[maːza]
pharmacie (f)	eczane	[ædʒzanæ]
opticien (m)	optik	[optik]
centre (m) commercial	alışveriş merkezi	[alıʃværiʃ mærkæzi]
supermarché (m)	süpermarket	[sypærmarkæt]

boulangerie (f)	ekmekçi dükkânı	[ækmæktʃi dykkanı]
boulanger (m)	fırıncı	[fırındʒı]
pâtisserie (f)	pastane	[pastanæ]
épicerie (f)	bakkaliye	[bakkalijæ]
boucherie (f)	kasap dükkanı	[kasap dykkanı]

| magasin (m) de légumes | manav | [manav] |
| marché (m) | çarşı | [tʃarʃı] |

salon (m) de café	kahvehane	[kahvæhanæ]
restaurant (m)	restoran	[ræstoran]
brasserie (f)	birahane	[birahanæ]
pizzeria (f)	pizzacı	[pizadʒı]

salon (m) de coiffure	kuaför salonu	[kuafør salonu]
poste (f)	postane	[postanæ]
pressing (m)	kuru temizleme	[kuru tæmizlæmæ]
atelier (m) de photo	fotoğraf stüdyosu	[fotoraf stydʲosu]
magasin (m) de chaussures	ayakkabı mağazası	[ajakkabı maːzası]

| librairie (f) | kitabevi | [kitabævi] |
| magasin (m) d'articles de sport | spor mağazası | [spor ma:zası] |

atelier (m) de retouche	elbise tamiri	[æʌbisæ tamiri]
location (f) de vêtements	giysi kiralama	[gijsı kiralama]
location (f) de films	film kiralama	[film kiralama]

cirque (m)	sirk	[sirk]
zoo (m)	hayvanat bahçesi	[hajvanat bahtʃæsi]
cinéma (m)	sinema	[sinæma]
musée (m)	müze	[myzæ]
bibliothèque (f)	kütüphane	[kytyphanæ]

théâtre (m)	tiyatro	[tijatro]
opéra (m)	opera	[opæra]
boîte (f) de nuit	gece kulübü	[gæʤæ kulyby]
casino (m)	kazino	[kazino]

mosquée (f)	cami	[ʤami]
synagogue (f)	sinagog	[sinagog]
cathédrale (f)	katedral	[katædral]
temple (m)	ibadethane	[ibadæthanæ]
église (f)	kilise	[kilisæ]

institut (m)	enstitü	[ænstity]
université (f)	üniversite	[juniværsitæ]
école (f)	okul	[okul]

préfecture (f)	belediye	[bælædijæ]
mairie (f)	belediye	[bælædijæ]
hôtel (m)	otel	[otæʌ]
banque (f)	banka	[baŋka]

ambassade (f)	elçilik	[æʌtʃilik]
agence (f) de voyages	seyahat acentesi	[sæjahat aʤæntæsi]
bureau (m) d'information	danışma bürosu	[danıʃma byrosu]
bureau (m) de change	döviz bürosu	[døviz byrosu]

| métro (m) | metro | [mætro] |
| hôpital (m) | hastane | [hastanæ] |

| station-service (f) | benzin istasyonu | [bænzin istasʲonu] |
| parking (m) | park yeri | [park jæri] |

30. Les enseignes. Les panneaux

enseigne (f)	levha	[lævha]
pancarte (f)	yazı	[jazı]
poster (m)	poster, afiş	[postær], [afiʃ]

| indicateur (m) de direction | işaret | [iʃaræt] |
| flèche (f) | ok | [ok] |

avertissement (m)	ikaz, uyarı	[ikaz], [ujarı]
panneau d'avertissement	uyarı	[ujarı]
avertir (vt)	uyarmak	[ujarmak]

jour (m) de repos	tatil günü	[tatil gyny]
horaire (m)	tarife	[tarifæ]
heures (f pl) d'ouverture	çalışma saatleri	[ʧalıʃma sa:tlæri]

BIENVENUE!	HOŞ GELDİNİZ	[hoʃ gældiniz]
ENTRÉE	GİRİŞ	[giriʃ]
SORTIE	ÇIKIŞ	[ʧıkıʃ]

POUSSER	İTİNİZ	[itiniz]
TIRER	ÇEKİNİZ	[ʧækiniz]
OUVERT	AÇIK	[aʧık]
FERMÉ	KAPALI	[kapalı]

FEMMES	BAYAN	[bajan]
HOMMES	BAY	[baj]
RABAIS	İNDİRİM	[indirim]
SOLDES	UCUZLUK	[uʤuzluk]
NOUVEAU!	YENİ	[jæni]
GRATUIT	BEDAVA	[bædava]

ATTENTION!	DİKKAT!	[dikkat]
COMPLET	BOS YER YOK	[bos jær jok]
RÉSERVÉ	REZERVE	[ræzærvæ]

| ADMINISTRATION | MÜDÜR | [mydyr] |
| RÉSERVÉ AU PERSONNEL | PERSONEL HARİCİ GİREMEZ | [pærsonæl hariʤi giræmæz] |

ATTENTION CHIEN MÉCHANT	DİKKAT KÖPEK VAR	[dikkat køpæk var]
DÉFENSE DE FUMER	SİGARA İÇİLMEZ	[sigara iʧiʎmæz]
PRIÈRE DE NE PAS TOUCHER	DOKUNMAK YASAKTIR	[dokunmak jasaktır]

DANGEREUX	TEHLİKELİ	[tæhlikæli]
DANGER	TEHLİKE	[tæhlikæ]
HAUTE TENSION	YÜKSEK GERİLİM	[juksæk gærilim]
BAIGNADE INTERDITE	SUYA GİRMEK YASAKTIR	[suja girmæk jasaktır]
HORS SERVICE	HİZMET DIŞI	[hizmæt diʃı]

INFLAMMABLE	YANICI MADDE	[janiʤi maddæ]
INTERDIT	YASAKTIR	[jasaktır]
PASSAGE INTERDIT	GİRMEK YASAKTIR	[girmæk jasaktır]
PEINTURE FRAÎCHE	DİKKAT ISLAK BOYA	[dikkat ıslak boja]

31. Le shopping

acheter (vt)	satın almak	[satın almak]
achat (m)	satın alınan şey	[satın alınan ʃæj]
faire des achats	alışverişe gitmek	[alıʃværiʃæ gitmæk]
shopping (m)	alışveriş	[alıʃværiʃ]
être ouvert	çalışmak	[tʃalıʃmak]
être fermé	kapanmak	[kapanmak]
chaussures (f pl)	ayakkabı	[ajakkabı]
vêtement (m)	elbise	[æʎbisæ]
produits (m pl) de beauté	kozmetik	[kozmætik]
produits (m pl) alimentaires	gıda ürünleri	[gıda jurynlæri]
cadeau (m)	hediye	[hædijæ]
vendeur (m)	satıcı	[satıdʒı]
vendeuse (f)	satıcı kadın	[satıdʒı kadın]
caisse (f)	kasa	[kasa]
miroir (m)	ayna	[ajna]
comptoir (m)	tezgâh	[tæzgʲah]
cabine (f) d'essayage	deneme kabini	[dænæmæ kabini]
essayer (robe, etc.)	prova yapmak	[prova japmak]
aller bien (robe, etc.)	uymak	[ujmak]
plaire (être apprécié)	hoşlanmak	[hoʃlanmak]
prix (m)	fiyat	[fijat]
étiquette (f) de prix	fiyat etiketi	[fijat ætikætlæri]
coûter (vt)	değerinde olmak	[dæ:rindæ olmak]
Combien?	Kaç?	[katʃ]
rabais (m)	indirim	[indirim]
pas cher (adj)	masrafsız	[masrafsıs]
bon marché (adj)	ucuz	[udʒuz]
cher (adj)	pahalı	[pahalı]
C'est cher	bu pahalıdır	[bu pahalıdır]
location (f)	kira	[kira]
louer (une voiture, etc.)	kiralamak	[kiralamak]
crédit (m)	kredi	[krædi]
à crédit (adv)	krediyle	[krædijlæ]

T&P BOOKS

LES VÊTEMENTS & LES ACCESSOIRES

32. Les vêtements d'extérieur
33. Les vêtements
34. Les sous-vêtements
35. Les chapeaux
36. Les chaussures
37. Les accessoires personnels
38. Les vêtements. Divers
39. L'hygiène corporelle.
    Les cosmétiques
40. Les montres. Les horloges

T&P Books Publishing

32. Les vêtements d'extérieur

vêtement (m)	elbise, kıyafet	[æʌbisæ], [kıjafæt]
survêtement (m)	üst kıyafet	[just kıjafæt]
vêtement (m) d'hiver	kışlık kıyafet	[kıʃlık kıjafæt]
manteau (m)	palto	[paʌto]
manteau (m) de fourrure	kürk manto	[kyrk manto]
veste (f) de fourrure	kürk ceket	[kyrk ʤækæt]
manteau (m) de duvet	ceket aşağı	[ʤækæt aʃaı]
veste (f) (~ en cuir)	ceket	[ʤækæt]
imperméable (m)	trençkot	[trænʧkot]
imperméable (adj)	su geçirmez	[su gætʧirmæz]

33. Les vêtements

chemise (f)	gömlek	[gømlæk]
pantalon (m)	pantolon	[pantolon]
jean (m)	kot pantolon	[kot pantolon]
veston (m)	ceket	[ʤækæt]
complet (m)	takım elbise	[takım æʌbisæ]
robe (f)	elbise, kıyafet	[æʌbisæ], [kıjafæt]
jupe (f)	etek	[ætæk]
chemisette (f)	gömlek, bluz	[gømlæk], [bluz]
veste (f) en laine	hırka	[hırka]
jaquette (f), blazer (m)	ceket	[ʤækæt]
tee-shirt (m)	tişört	[tiʃort]
short (m)	şort	[ʃort]
costume (m) de sport	eşofman	[æʃofman]
peignoir (m) de bain	bornoz	[bornoz]
pyjama (m)	pijama	[piʒama]
chandail (m)	süveter	[syvætær]
pull-over (m)	pulover	[pulovær]
gilet (m)	yelek	[jælæk]
queue-de-pie (f)	frak	[frak]
smoking (m)	smokin	[smokin]
uniforme (m)	üniforma	[juniforma]
tenue (f) de travail	iş elbisesi	[iʃ æʌbisæsi]

| salopette (f) | tulum | [tulum] |
| blouse (f) (d'un médecin) | önlük | [ønlyk] |

34. Les sous-vêtements

sous-vêtements (m pl)	iç çamaşırı	[itʃ tʃamaʃırı]
maillot (m) de corps	atlet	[atlæt]
chaussettes (f pl)	kısa çorap	[kısa tʃorap]

chemise (f) de nuit	gecelik	[gædʒælik]
soutien-gorge (m)	sutyen	[sutʲæn]
chaussettes (f pl) hautes	diz hizası çorap	[diz hizası tʃorap]
collants (m pl)	külotlu çorap	[kyløtly tʃorap]
bas (m pl)	çorap	[tʃorap]
maillot (m) de bain	mayo	[majo]

35. Les chapeaux

chapeau (m)	şapka	[ʃapka]
chapeau (m) feutre	fötr şapka	[føtr ʃapka]
casquette (f) de base-ball	beyzbol şapkası	[bæjzbol ʃapkası]
casquette (f)	kasket	[kaskæt]

béret (m)	bere	[bæræ]
capuche (f)	kapüşon	[kapyʃon]
panama (m)	panama	[panama]
bonnet (m) de laine	örgü şapka	[ørgy ʃapka]

| foulard (m) | başörtüsü | [baʃ ørtysy] |
| chapeau (m) de femme | kadın şapkası | [kadın ʃapkası] |

casque (m) (d'ouvriers)	baret, kask	[baræt], [kask]
calot (m)	kayık kep	[kajık kæp]
casque (m) (~ de moto)	kask	[kask]

| melon (m) | melon şapka | [mælon ʃapka] |
| haut-de-forme (m) | silindir şapka | [silindir ʃapka] |

36. Les chaussures

chaussures (f pl)	ayakkabı	[ajakkabı]
bottines (f pl)	potinler	[potinlær]
souliers (m pl) (~ plats)	ayakkabılar	[ajakkabılar]
bottes (f pl)	çizmeler	[tʃizmælær]
chaussons (m pl)	terlik	[tærlik]
tennis (m pl)	tenis ayakkabısı	[tænis ajakkabısı]

| baskets (f pl) | spor ayakkabısı | [spor ajakkabısı] |
| sandales (f pl) | sandalet | [sandalæt] |

cordonnier (m)	ayakkabıcı	[ajakkabıdʒı]
talon (m)	topuk	[topuk]
paire (f)	bir çift ayakkabı	[birᶦ tʃift ajakkabı]

lacet (m)	bağ	[baː]
lacer (vt)	bağlamak	[baːlamak]
chausse-pied (m)	kaşık	[kaʃık]
cirage (m)	ayakkabı boyası	[ajakkabı bojası]

37. Les accessoires personnels

gants (m pl)	eldiven	[æʌdivæn]
moufles (f pl)	tek parmaklı eldiven	[tæk parmaklı æʌdivæn]
écharpe (f)	atkı	[atkı]

lunettes (f pl)	gözlük	[gøzlyk]
monture (f)	çerçeve	[tʃærtʃævæ]
parapluie (m)	şemsiye	[ʃæmsijæ]
canne (f)	baston	[baston]
brosse (f) à cheveux	saç fırçası	[satʃ firtʃası]
éventail (m)	yelpaze	[jælpazæ]

cravate (f)	kravat	[kravat]
nœud papillon (m)	papyon	[papᶦon]
bretelles (f pl)	pantolon askısı	[pantolon askısı]
mouchoir (m)	mendil	[mændiʌ]

peigne (m)	tarak	[tarak]
barrette (f)	toka	[toka]
épingle (f) à cheveux	firkete	[firkætæ]
boucle (f)	kemer tokası	[kæmær tokası]

| ceinture (f) | kemer | [kæmær] |
| bandoulière (f) | kayış | [kajıʃ] |

sac (m)	çanta	[tʃanta]
sac (m) à main	bayan çantası	[bajan tʃantası]
sac (m) à dos	arka çantası	[arka tʃantası]

38. Les vêtements. Divers

mode (f)	moda	[moda]
à la mode (adj)	modaya uygun	[modaja ujgun]
couturier,	modelci	[modæʌdʒi]
créateur de mode		

col (m)	yaka	[jaka]
poche (f)	cep	[dʒæp]
de poche (adj)	cep	[dʒæp]
manche (f)	kol	[kol]
bride (f)	askı	[askı]
braguette (f)	pantolon fermuarı	[pantolon færmuarı]

fermeture (f) à glissière	fermuar	[færmuar]
agrafe (f)	kopça	[koptʃa]
bouton (m)	düğme	[dyjmæ]
boutonnière (f)	düğme iliği	[dyjmæ ili:]
s'arracher (bouton)	kopmak	[kopmak]

coudre (vi, vt)	dikmek	[dikmæk]
broder (vt)	nakış işlemek	[nakıʃ iʃlæmæk]
broderie (f)	nakış	[nakıʃ]
aiguille (f)	iğne	[i:næ]
fil (m)	iplik	[iplik]
couture (f)	dikiş	[dikiʃ]

se salir (vp)	kirlenmek	[kirlænmæk]
tache (f)	leke	[lækæ]
se froisser (vp)	buruşmak	[buruʃmak]
déchirer (vt)	yırtmak	[jırtmak]
mite (f)	güve	[gyvæ]

39. L'hygiène corporelle. Les cosmétiques

dentifrice (m)	diş macunu	[diʃ madʒunu]
brosse (f) à dents	diş fırçası	[diʃ fırtʃası]
se brosser les dents	dişlerini fırçalamak	[diʃlærini fırtʃalamak]

rasoir (m)	jilet	[ʒilæt]
crème (f) à raser	tıraş kremi	[tıraʃ kræmi]
se raser (vp)	tıraş olmak	[tıraʃ olmak]

savon (m)	sabun	[sabun]
shampooing (m)	şampuan	[ʃampuan]

ciseaux (m pl)	makas	[makas]
lime (f) à ongles	tırnak törpüsü	[tırnak tørpysy]
pinces (f pl) à ongles	tırnak makası	[tırnak makası]
pince (f) à épiler	cımbız	[dʒımbız]

produits (m pl) de beauté	kozmetik	[kozmætik]
masque (m) de beauté	yüz maskesi	[juz maskæsi]
manucure (f)	manikür	[manikyr]
se faire les ongles	manikür yapmak	[manikyr japmak]
pédicurie (f)	pedikür	[pædikyr]
trousse (f) de toilette	makyaj çantası	[makjaʒ tʃantası]

poudre (f)	pudra	[pudra]
poudrier (m)	pudralık	[pudralık]
fard (m) à joues	allık	[allık]

parfum (m)	parfüm	[parfym]
eau (f) de toilette	parfüm suyu	[parfym suju]
lotion (f)	losyon	[losʲon]
eau de Cologne (f)	kolonya	[koloɲja]

fard (m) à paupières	far	[far]
crayon (m) à paupières	göz kalemi	[gøz kalæmi]
mascara (m)	rimel	[rimæʎ]

rouge (m) à lèvres	ruj	[ruʒ]
vernis (m) à ongles	oje	[oʒæ]
laque (f) pour les cheveux	saç spreyi	[satʃ spræjɪ]
déodorant (m)	deodorant	[dæodorant]

crème (f)	krem	[kræm]
crème (f) pour le visage	yüz kremi	[juz kræmi]
crème (f) pour les mains	el kremi	[æʎ kræmi]
crème (f) anti-rides	kırışıklık giderici krem	[kırıʃıklık gidæridʒi kræm]
de jour (adj)	günlük	[gynlyk]
de nuit (adj)	gece	[gædʒæ]

tampon (m)	tampon	[tampon]
papier (m) de toilette	tuvalet kağıdı	[tuvalæt kaıdı]
sèche-cheveux (m)	saç kurutma makinesi	[satʃ kurutma makinæsi]

40. Les montres. Les horloges

montre (f)	el saati	[æʎ saːti]
cadran (m)	kadran	[kadran]
aiguille (f)	akrep, yelkovan	[akræp], [jælkovan]
bracelet (m)	metal kordon	[metaʎ kordon]
bracelet (m) (en cuir)	kayış	[kajıʃ]

pile (f)	pil	[piʎ]
être déchargé	bitmek	[bitmæk]
changer de pile	pil değiştirmek	[piʎ dæijırmæk]

| avancer (vi) | ileri gitmek | [ilæri gitmæk] |
| retarder (vi) | geride kalmak | [gæridæ kalmak] |

pendule (f)	duvar saati	[duvar saːti]
sablier (m)	kum saati	[kum saːti]
cadran (m) solaire	güneş saati	[gynæʃ saːti]
réveil (m)	çalar saat	[tʃalar saːt]
horloger (m)	saatçi	[saːtʃi]
réparer (vt)	tamir etmek	[tamir ætmæk]

T&P BOOKS

L'EXPÉRIENCE QUOTIDIENNE

41. L'argent
42. La poste. Les services postaux
43. Les opérations bancaires
44. Le téléphone. La conversation téléphonique
45. Le téléphone portable
46. La papeterie
47. Les langues étrangères

T&P Books Publishing

argent (m)	para	[para]
échange (m)	kambiyo	[kambijo]
cours (m) de change	kur	[kur]
distributeur (m)	bankamatik	[baŋkamatik]
monnaie (f)	para	[para]
dollar (m)	dolar	[dolar]
euro (m)	Euro	[juro]
lire (f)	liret	[liræt]
mark (m) allemand	Alman markı	[alman markı]
franc (m)	frank	[fraŋk]
livre sterling (f)	İngiliz sterlini	[iŋiliz stærlini]
yen (m)	yen	[jæn]
dette (f)	borç	[bortʃ]
débiteur (m)	borçlu	[bortʃlu]
prêter (vt)	borç vermek	[bortʃ værmæk]
emprunter (vt)	borç almak	[bortʃ almak]
banque (f)	banka	[baŋka]
compte (m)	hesap	[hæsap]
verser dans le compte	para yatırmak	[para jatırmak]
retirer du compte	hesaptan çekmek	[hæsaptan tʃækmæk]
carte (f) de crédit	kredi kartı	[krædi kartı]
espèces (f pl)	nakit para	[nakit para]
chèque (m)	çek	[tʃæk]
faire un chèque	çek yazmak	[tʃæk jazmak]
chéquier (m)	çek defteri	[tʃæk dæftæri]
portefeuille (m)	cüzdan	[dʒyzdan]
bourse (f)	para cüzdanı	[para dʒyzdanı]
porte-monnaie (m)	cüzdan	[dʒyzdan]
coffre fort (m)	para kasası	[para kasası]
héritier (m)	mirasçı	[mirastʃı]
héritage (m)	miras	[miras]
fortune (f)	varlık	[varlık]
location (f)	kira	[kira]
loyer (m) (argent)	ev kirası	[æv kirası]
louer (prendre en location)	kiralamak	[kiralamak]
prix (m)	fiyat	[fijat]

| coût (m) | maliyet | [malijæt] |
| somme (f) | toplam | [toplam] |

dépenser (vt)	harcamak	[hardʒamak]
dépenses (f pl)	masraflar	[masraflar]
économiser (vt)	idareli kullanmak	[idaræli kullanmak]
économe (adj)	tutumlu	[tutumlu]

payer (régler)	ödemek	[ødæmæk]
paiement (m)	ödeme	[ødæmæ]
monnaie (f) (rendre la ~)	para üstü	[para justy]

impôt (m)	vergi	[værgi]
amende (f)	ceza	[dʒæza]
mettre une amende	ceza kesmek	[dʒæza kæsmæk]

42. La poste. Les services postaux

poste (f)	postane	[postanæ]
courrier (m) (lettres, etc.)	posta	[posta]
facteur (m)	postacı	[postadʒı]
heures (f pl) d'ouverture	çalışma saatleri	[tʃalıʃma sa:tlæri]

lettre (f)	mektup	[mæktup]
recommandé (m)	taahhütlü mektup	[ta:hytly mæktup]
carte (f) postale	kart	[kart]
télégramme (m)	telgraf	[tælgraf]
colis (m)	koli	[koli]
mandat (m) postal	para havalesi	[para havalæsi]

recevoir (vt)	almak	[almak]
envoyer (vt)	göndermek	[gøndærmæk]
envoi (m)	gönderme	[gøndærmæ]

adresse (f)	adres	[adræs]
code (m) postal	endeks, indeks	[ændæks], [indæks]
expéditeur (m)	gönderen	[gøndæræn]
destinataire (m)	alıcı	[alıdʒı]

| prénom (m) | ad, isim | [ad], [isim] |
| nom (m) de famille | soyadı | [sojadı] |

tarif (m)	tarife	[tarifæ]
normal (adj)	normal	[normaʎ]
économique (adj)	ekonomik	[ækonomik]

poids (m)	ağırlık	[aırlık]
peser (~ les lettres)	tartmak	[tartmak]
enveloppe (f)	zarf	[zarf]
timbre (m)	pul	[pul]

43. Les opérations bancaires

banque (f)	banka	[baŋka]
agence (f) bancaire	banka şubesi	[baŋka ʃubæsɪ]
conseiller (m)	danışman	[danɪʃman]
gérant (m)	yönetici	[jonætidʒi]
compte (m)	hesap	[hæsap]
numéro (m) du compte	hesap numarası	[hæsap numarasɪ]
compte (m) courant	çek hesabı	[ʧæk hæsabɪ]
compte (m) sur livret	mevduat hesabı	[mævduat hæsabɪ]
ouvrir un compte	hesap açmak	[hæsap aʧmak]
clôturer le compte	hesap kapatmak	[hæsap kapatmak]
verser dans le compte	para yatırmak	[para jatɪrmak]
retirer du compte	hesaptan çekmek	[hæsaptan ʧækmæk]
dépôt (m)	mevduat	[mævduat]
faire un dépôt	depozito vermek	[dæpozito værmæk]
virement (m) bancaire	havale	[havalæ]
faire un transfert	havale etmek	[havalæ ætmæk]
somme (f)	toplam	[toplam]
Combien?	Kaç?	[kaʧ]
signature (f)	imza	[imza]
signer (vt)	imzalamak	[imzalamak]
carte (f) de crédit	kredi kartı	[krædi kartɪ]
code (m)	kod	[kod]
numéro (m) de carte de crédit	kredi kartı numarası	[krædi kartɪ numarasɪ]
distributeur (m)	bankamatik	[baŋkamatik]
chèque (m)	çek	[ʧæk]
faire un chèque	çek yazmak	[ʧæk jazmak]
chéquier (m)	çek defteri	[ʧæk dæftæri]
crédit (m)	kredi	[krædi]
demander un crédit	krediye başvurmak	[krædijæ baʃvurmak]
prendre un crédit	kredi almak	[krædi almak]
accorder un crédit	kredi vermek	[krædi værmæk]
gage (m)	garanti	[garanti]

44. Le téléphone. La conversation téléphonique

téléphone (m)	telefon	[tælæfon]
portable (m)	cep telefonu	[dʒæp tælæfonu]

répondeur (m)	telesekreter	[tælæsækrætær]
téléphoner, appeler	telefonla aramak	[tælæfonla aramak]
appel (m)	arama, görüşme	[arama], [gøryʃmæ]

composer le numéro	numarayı aramak	[numarajı aramak]
Allô!	Alo!	[alø]
demander (~ l'heure)	sormak	[sormak]
répondre (vi, vt)	cevap vermek	[dʒævap værmæk]

entendre (bruit, etc.)	duymak	[dujmak]
bien (adv)	iyi	[ijı]
mal (adv)	kötü	[køty]
bruits (m pl)	parazit	[parazit]

récepteur (m)	telefon ahizesi	[tælæfon ahizæsi]
décrocher (vt)	açmak telefonu	[atʃmak tælæfonu]
raccrocher (vi)	telefonu kapatmak	[tælæfonu kapatmak]

occupé (adj)	meşgul	[mæʃguʎ]
sonner (vi)	çalmak	[tʃalmak]
carnet (m) de téléphone	telefon rehberi	[tælæfon ræhbæri]

local (adj)	şehiriçi	[ʃæhiritʃi]
appel (m) local	şehiriçi görüşme	[ʃæhiritʃi gøryʃmæ]
interurbain (adj)	şehirlerarası	[ʃæhirlerarası]
appel (m) interurbain	şehirlerarası görüşme	[ʃæhirlerarası gøryʃmæ]
international (adj)	uluslararası	[uluslar arası]
appel (m) international	uluslararası görüşme	[uluslararası gøryʃmæ]

45. Le téléphone portable

portable (m)	cep telefonu	[dʒæp tælæfonu]
écran (m)	ekran	[ækran]
bouton (m)	düğme	[dyjmæ]
carte SIM (f)	SIM kartı	[simkartı]

pile (f)	pil	[piʎ]
être déchargé	bitmek	[bitmæk]
chargeur (m)	şarj cihazı	[ʃarʒ dʒihazı]
menu (m)	menü	[mæny]
réglages (m pl)	ayarlar	[ajarlar]
mélodie (f)	melodi	[mælodi]
sélectionner (vt)	seçmek	[sætʃmæk]

calculatrice (f)	hesaplamalar	[hæsaplamanar]
répondeur (m)	telesekreter	[tælæsækrætær]
réveil (m)	çalar saat	[tʃalar sa:t]
contacts (m pl)	rehber	[ræhbær]
SMS (m)	SMS mesajı	[æsæmæs mæsaʒi]
abonné (m)	abone	[abonæ]

46. La papeterie

stylo (m) à bille	tükenmez kalem	[tykænmæz kalæm]
stylo (m) à plume	dolma kalem	[dolma kalæm]
crayon (m)	kurşun kalem	[kurʃun kalæm]
marqueur (m)	fosforlu kalem	[fosforlu kalæm]
feutre (m)	keçeli kalem	[kætʃæli kalæm]
bloc-notes (m)	not defteri	[not dæftæri]
agenda (m)	ajanda	[aʒanda]
règle (f)	cetvel	[dʒætvæʎ]
calculatrice (f)	hesap makinesi	[hæsap makinæsi]
gomme (f)	silgi	[siʎgi]
punaise (f)	raptiye	[raptijæ]
trombone (m)	ataş	[ataʃ]
colle (f)	yapıştırıcı	[japɪʃtɪrɪdʒɪ]
agrafeuse (f)	zımba	[zɪmba]
perforateur (m)	delgeç	[dæʎgætʃ]
taille-crayon (m)	kalemtıraş	[kalæm tɪraʃ]

47. Les langues étrangères

langue (f)	dil	[diʎ]
langue (f) étrangère	yabancı dil	[jabandʒɪ diʎ]
étudier (vt)	öğrenim görmek	[øjrænim gørmæk]
apprendre (~ l'arabe)	öğrenmek	[øjrænmæk]
lire (vi, vt)	okumak	[okumak]
parler (vi, vt)	konuşmak	[konuʃmak]
comprendre (vt)	anlamak	[anlamak]
écrire (vt)	yazmak	[jazmak]
vite (adv)	çabuk	[tʃabuk]
lentement (adv)	yavaş	[javaʃ]
couramment (adv)	akıcı bir şekilde	[akɪdʒɪ bir ʃækiʎdæ]
règles (f pl)	kurallar	[kurallar]
grammaire (f)	gramer	[gramær]
vocabulaire (m)	kelime hazinesi	[kælimæ hazinæsi]
phonétique (f)	fonetik	[fonætik]
manuel (m)	ders kitabı	[dærs kitabı]
dictionnaire (m)	sözlük	[søzlyk]
manuel (m) autodidacte	öz eğitim rehberi	[øz æitim ræhbæri]
guide (m) de conversation	konuşma kılavuzu	[konuʃma kılavuzu]
cassette (f)	kaset	[kasæt]

cassette (f) vidéo	**videokaset**	[vidæokasæt]
CD (m)	**CD**	[sidi]
DVD (m)	**DVD**	[dividi]
alphabet (m)	**alfabe**	[aʎfabæ]
épeler (vt)	**hecelemek**	[hædʒælæmæk]
prononciation (f)	**telaffuz**	[tælaffyz]
accent (m)	**aksan**	[aksan]
avec un accent	**aksan ile**	[aksan ilæ]
sans accent	**aksansız**	[aksansɪz]
mot (m)	**kelime**	[kælimæ]
sens (m)	**mana**	[mana]
cours (m pl)	**kurslar**	[kurslar]
s'inscrire (vp)	**yazılmak**	[jazɪlmak]
professeur (m) (~ d'anglais)	**öğretmen**	[øjrætmæn]
traduction (f) (action)	**çeviri**	[ʧæviri]
traduction (f) (texte)	**tercüme**	[tærdʒymæ]
traducteur (m)	**çevirmen**	[ʧævirmæn]
interprète (m)	**tercüman**	[tærdʒyman]
polyglotte (m)	**birçok dil bilen**	[birˈʧok diʎ bilæn]
mémoire (f)	**hafıza**	[hafɪza]

LES REPAS.
LE RESTAURANT

48. Le dressage de la table
49. Le restaurant
50. Les repas
51. Les plats cuisinés
52. Les aliments
53. Les boissons
54. Les légumes
55. Les fruits. Les noix
56. Le pain. Les confiseries
57. Les épices

48. Le dressage de la table

cuillère (f)	kaşık	[kaʃık]
couteau (m)	bıçak	[bɪtʃak]
fourchette (f)	çatal	[tʃatal]
tasse (f)	fincan	[findʒan]
assiette (f)	tabak	[tabak]
soucoupe (f)	fincan tabağı	[findʒan tabaı]
serviette (f)	peçete	[pætʃætæ]
cure-dent (m)	kürdan	[kyrdan]

49. Le restaurant

restaurant (m)	restoran	[ræstoran]
salon (m) de café	kahvehane	[kahvæhanæ]
bar (m)	bar	[bar]
salon (m) de thé	çay salonu	[tʃaj salonu]
serveur (m)	garson	[garson]
serveuse (f)	kadın garson	[kadın garson]
barman (m)	barmen	[barmæn]
carte (f)	menü	[mæny]
carte (f) des vins	şarap listesi	[ʃarap listæsi]
réserver une table	masa ayırtmak	[masa ajırtmak]
plat (m)	yemek	[jæmæk]
commander (vt)	sipariş etmek	[sipariʃ ætmæk]
faire la commande	sipariş vermek	[sipariʃ værmæk]
apéritif (m)	aperatif	[apæratif]
hors-d'œuvre (m)	çerez	[tʃæræz]
dessert (m)	tatlı	[tatlı]
addition (f)	hesap	[hæsap]
régler l'addition	hesabı ödemek	[hæsabı ødæmæk]
rendre la monnaie	para üstü vermek	[para justy værmæk]
pourboire (m)	bahşiş	[bahʃiʃ]

50. Les repas

nourriture (f)	yemek	[jæmæk]
manger (vi, vt)	yemek	[jæmæk]

petit déjeuner (m)	kahvaltı	[kahvaltı]
prendre le petit déjeuner	kahvaltı yapmak	[kahvaltı japmak]
déjeuner (m)	öğle yemeği	[øjlæ jæmæi]
déjeuner (vi)	öğle yemeği yemek	[øjlæ jæmæi jæmæk]
dîner (m)	akşam yemeği	[akʃam jæmæi]
dîner (vi)	akşam yemeği yemek	[akʃam jæmæi jæmæk]

appétit (m)	iştah	[iʃtah]
Bon appétit!	Afiyet olsun!	[afijæt olsun]

ouvrir (vt)	açmak	[atʃmak]
renverser (liquide)	dökmek	[døkmæk]
se renverser (liquide)	dökülmek	[døkyʌmæk]

bouillir (vi)	kaynamak	[kajnamak]
faire bouillir	kaynatmak	[kajnatmak]
bouilli (l'eau ~e)	kaynamış	[kajnamıʃ]
refroidir (vt)	serinletmek	[særinlætmæk]
se refroidir (vp)	serinleşmek	[særinlæʃmæk]

goût (m)	tat	[tat]
arrière-goût (m)	ağızda kalan tat	[aızda kalan tat]

suivre un régime	zayıflamak	[zajıflamak]
régime (m)	rejim, diyet	[ræʒim], [dijæt]
vitamine (f)	vitamin	[vitamin]
calorie (f)	kalori	[kalori]
végétarien (m)	vejetaryen kimse	[vædʒætariæn kimsæ]
végétarien (adj)	vejetaryen	[vædʒætariæn]

lipides (m pl)	yağlar	[ja:lar]
protéines (f pl)	proteinler	[protæinlær]
glucides (m pl)	karbonhidratlar	[karbonhidratlar]
tranche (f)	dilim	[dilim]
morceau (m)	parça	[partʃa]
miette (f)	kırıntı	[kırıntı]

51. Les plats cuisinés

plat (m)	yemek	[jæmæk]
cuisine (f)	mutfak	[mutfak]
recette (f)	yemek tarifi	[jæmæk tarifı]
portion (f)	porsiyon	[porsijon]

salade (f)	salata	[salata]
soupe (f)	çorba	[tʃorba]

bouillon (m)	et suyu	[æt suju]
sandwich (m)	sandviç	[sandvitʃ]
les œufs brouillés	sahanda yumurta	[sahanda jumurta]

boulette (f)	köfte	[køftæ]
hamburger (m)	hamburger	[hamburgær]
steak (m)	biftek	[biftæk]
rôti (m)	et kızartması, rosto	[æt kızartması], [rosto]

garniture (f)	garnitür	[garnityr]
spaghettis (m pl)	spagetti	[spagætti]
purée (f)	patates püresi	[patatæs pyræsi]
pizza (f)	pizza	[pizza]
bouillie (f)	lâpa	[ʎapa]
omelette (f)	omlet	[omlæt]

cuit à l'eau (adj)	pişmiş	[piʃmiʃ]
fumé (adj)	tütsülenmiş, füme	[tytsylænmiʃ], [fymæ]
frit (adj)	kızartılmış	[kızartılmıʃ]
sec (adj)	kuru	[kuru]
congelé (adj)	dondurulmuş	[dondurulmuʃ]
mariné (adj)	turşu	[turʃu]

sucré (adj)	tatlı	[tatlı]
salé (adj)	tuzlu	[tuzlu]
froid (adj)	soğuk	[souk]
chaud (adj)	sıcak	[sıdʒak]
amer (adj)	acı	[adʒı]
bon (savoureux)	tatlı, lezzetli	[tatlı], [læzzætlı]

cuire à l'eau	kaynatmak	[kajnatmak]
préparer (le dîner)	pişirmek	[piʃirmæk]
faire frire	kızartmak	[kızartmak]
réchauffer (vt)	ısıtmak	[ısıtmak]

saler (vt)	tuzlamak	[tuzlamak]
poivrer (vt)	biberlemek	[bibærlæmæk]
râper (vt)	rendelemek	[rændælæmæk]
peau (f)	kabuk	[kabuk]
éplucher (vt)	soymak	[sojmak]

52. Les aliments

viande (f)	et	[æt]
poulet (m)	tavuk eti	[tavuk æti]
poulet (m) (poussin)	civciv	[dʒiv dʒiv]
canard (m)	ördek	[ørdæk]
oie (f)	kaz	[kaz]
gibier (m)	av hayvanları	[av hajvanları]
dinde (f)	hindi	[hindi]

du porc	domuz eti	[domuz æti]
du veau	dana eti	[dana æti]
du mouton	koyun eti	[kojun æti]

du bœuf	sığır eti	[sɪːr æti]
lapin (m)	tavşan eti	[tavʃan æti]
saucisson (m)	sucuk, sosis	[sudʒuk], [sosis]
saucisse (f)	sosis	[sosis]
bacon (m)	domuz pastırması	[domuz pastırması]
jambon (m)	jambon	[ʒambon]
cuisse (f)	tütsülenmiş jambon	[tyˈtsylænmiʃ ʒambon]
pâté (m)	ezme	[æzmæ]
foie (m)	karaciğer	[karadʒiær]
lard (m)	yağ	[jaː]
farce (f)	kıyma	[kɪjma]
langue (f)	dil	[diʎ]
œuf (m)	yumurta	[jumurta]
les œufs	yumurtalar	[jumurtalar]
blanc (m) d'œuf	yumurta akı	[jumurta akı]
jaune (m) d'œuf	yumurta sarısı	[jumurta sarısı]
poisson (m)	balık	[balık]
fruits (m pl) de mer	deniz ürünleri	[dæniz jurynlæri]
caviar (m)	havyar	[havjar]
crabe (m)	yengeç	[jæŋætʃ]
crevette (f)	karides	[karidæs]
huître (f)	istiridye	[istiridʲæ]
langoustine (f)	langust	[laŋust]
poulpe (m)	ahtapot	[ahtapot]
calamar (m)	kalamar	[kalamar]
esturgeon (m)	mersin balığı	[mærsin balıː]
saumon (m)	som balığı	[som balıː]
flétan (m)	pisi balığı	[pisi balıː]
morue (f)	morina balığı	[morina balıː]
maquereau (m)	uskumru	[uskumru]
thon (m)	ton balığı	[ton balıː]
anguille (f)	yılan balığı	[jılan balıː]
truite (f)	alabalık	[alabalık]
sardine (f)	sardalye	[sardaʎʲæ]
brochet (m)	turna balığı	[turna balıː]
hareng (m)	ringa	[riŋa]
pain (m)	ekmek	[ækmæk]
fromage (m)	peynir	[pæjnir]
sucre (m)	şeker	[ʃækær]
sel (m)	tuz	[tuz]
riz (m)	pirinç	[pirintʃ]
pâtes (m pl)	makarna	[makarna]

nouilles (f pl)	erişte	[ærɪʃtæ]
beurre (m)	tereyağı	[tæræjaɪ]
huile (f) végétale	bitkisel yağ	[bitkisæʎ ja:]
huile (f) de tournesol	ayçiçeği yağı	[ajtʃitʃæɪ jaɪ]
margarine (f)	margarin	[margarin]

| olives (f pl) | zeytin | [zæjtin] |
| huile (f) d'olive | zeytin yağı | [zæjtin jaɪ] |

lait (m)	süt	[syt]
lait (m) condensé	yoğunlaştırılmış süt	[jounlaʃtɪrɪlmɪʃ syt]
yogourt (m)	yoğurt	[jourt]
crème (f) aigre	ekşi krema	[ækʃi kræma]
crème (f) (de lait)	süt kaymağı	[syt kajmaɪ]

| sauce (f) mayonnaise | mayonez | [majonæz] |
| crème (f) au beurre | krema | [kræma] |

gruau (m)	tane	[tanæ]
farine (f)	un	[un]
conserves (f pl)	konserve	[konsærvæ]

pétales (m pl) de maïs	mısır gevreği	[mɪsɪr gævræi]
miel (m)	bal	[bal]
confiture (f)	reçel, marmelat	[rætʃæʎ], [marmælat]
gomme (f) à mâcher	sakız, çiklet	[sakɪz], [tʃiklæt]

53. Les boissons

eau (f)	su	[su]
eau (f) potable	içme suyu	[itʃmæ suju]
eau (f) minérale	maden suyu	[madæn suju]

plate (adj)	gazsız	[gazsɪz]
gazeuse (l'eau ~)	gazlı	[gazlɪ]
pétillante (adj)	maden	[madæn]
glace (f)	buz	[buz]
avec de la glace	buzlu	[buzlu]

sans alcool	alkolsüz	[alkoʎsyz]
boisson (f) non alcoolisée	alkolsüz içki	[alkoʎsyz itʃki]
rafraîchissement (m)	soğuk meşrubat	[sojuk mæʃrubat]
limonade (f)	limonata	[limonata]

boissons (f pl) alcoolisées	alkollü içkiler	[alkolly itʃkilær]
vin (m)	şarap	[ʃarap]
vin (m) blanc	beyaz şarap	[bæjaz ʃarap]
vin (m) rouge	kırmızı şarap	[kɪrmɪzɪ ʃarap]
liqueur (f)	likör	[likør]
champagne (m)	şampanya	[ʃampaɲja]

vermouth (m)	**vermut**	[værmut]
whisky (m)	**viski**	[viski]
vodka (f)	**votka**	[votka]
gin (m)	**cin**	[dʒin]
cognac (m)	**konyak**	[koɲjak]
rhum (m)	**rom**	[rom]
café (m)	**kahve**	[kahvæ]
café (m) noir	**siyah kahve**	[sijah kahvæ]
café (m) au lait	**sütlü kahve**	[sytly kahvæ]
cappuccino (m)	**kaymaklı kahve**	[kajmaklı kahvæ]
café (m) soluble	**hazır kahve**	[hazır kahvæ]
lait (m)	**süt**	[syt]
cocktail (m)	**kokteyl**	[koktæjʎ]
cocktail (m) au lait	**sütlü kokteyl**	[sytly koktæjʎ]
jus (m)	**meyve suyu**	[mæjvæ suju]
jus (m) de tomate	**domates suyu**	[domatæs suju]
jus (m) d'orange	**portakal suyu**	[portakal suju]
jus (m) pressé	**taze meyve suyu**	[tazæ mæjvæ suju]
bière (f)	**bira**	[bira]
bière (f) blonde	**hafif bira**	[hafif bira]
bière (f) brune	**siyah bira**	[sijah bira]
thé (m)	**çay**	[tʃaj]
thé (m) noir	**siyah çay**	[sijah tʃaj]
thé (m) vert	**yeşil çay**	[jæʃiʎ tʃaj]

54. Les légumes

légumes (m pl)	**sebze**	[sæbzæ]
verdure (f)	**yeşillik**	[jæʃiʎik]
tomate (f)	**domates**	[domatæs]
concombre (m)	**salatalık**	[salatalık]
carotte (f)	**havuç**	[havutʃ]
pomme (f) de terre	**patates**	[patatæs]
oignon (m)	**soğan**	[soan]
ail (m)	**sarımsak**	[sarımsak]
chou (m)	**lahana**	[ʎahana]
chou-fleur (m)	**karnabahar**	[karnabahar]
chou (m) de Bruxelles	**Brüksel lâhanası**	[bryksæʎ ʎahanası]
brocoli (m)	**brokoli**	[brokoli]
betterave (f)	**pancar**	[pandʒar]
aubergine (f)	**patlıcan**	[patlıdʒan]
courgette (f)	**sakız kabağı**	[sakız kabaı]

potiron (m)	**kabak**	[kabak]
navet (m)	**şalgam**	[ʃalgam]
persil (m)	**maydanoz**	[majdanoz]
fenouil (m)	**dereotu**	[dæræotu]
laitue (f) (salade)	**yeşil salata**	[jæʃiʎ salata]
céleri (m)	**kereviz**	[kæræviz]
asperge (f)	**kuşkonmaz**	[kuʃkonmaz]
épinard (m)	**ıspanak**	[ıspanak]
pois (m)	**bezelye**	[bæzæʎæ]
fèves (f pl)	**bakla**	[bakla]
maïs (m)	**mısır**	[mısır]
haricot (m)	**fasulye**	[fasuʎæ]
poivron (m)	**dolma biber**	[dolma bibær]
radis (m)	**turp**	[turp]
artichaut (m)	**enginar**	[æŋinar]

55. Les fruits. Les noix

fruit (m)	**meyve**	[mæjvæ]
pomme (f)	**elma**	[æʎma]
poire (f)	**armut**	[armut]
citron (m)	**limon**	[limon]
orange (f)	**portakal**	[portakal]
fraise (f)	**çilek**	[ʧilæk]
mandarine (f)	**mandalina**	[mandalina]
prune (f)	**erik**	[ærik]
pêche (f)	**şeftali**	[ʃæftali]
abricot (m)	**kayısı**	[kajısı]
framboise (f)	**ahududu**	[ahududu]
ananas (m)	**ananas**	[ananas]
banane (f)	**muz**	[muz]
pastèque (f)	**karpuz**	[karpuz]
raisin (m)	**üzüm**	[juzym]
cerise (f)	**vişne**	[viʃnæ]
merise (f)	**kiraz**	[kiraz]
melon (m)	**kavun**	[kavun]
pamplemousse (m)	**greypfrut**	[græjpfrut]
avocat (m)	**avokado**	[avokado]
papaye (f)	**papaya**	[papaja]
mangue (f)	**mango**	[maŋo]
grenade (f)	**nar**	[nar]
groseille (f) rouge	**kırmızı frenk üzümü**	[kırmızı fræŋk juzymy]
cassis (m)	**siyah frenk üzümü**	[sijah fræŋk juzymy]

groseille (f) verte	bektaşı üzümü	[bæktaʃı juzymy]
myrtille (f)	yaban mersini	[jaban mærsini]
mûre (f)	böğürtlen	[bøjurtlæn]

raisin (m) sec	kuru üzüm	[kuru juzym]
figue (f)	incir	[indʒir]
datte (f)	hurma	[hurma]

cacahuète (f)	yerfıstığı	[jærfıstı:]
amande (f)	badem	[badæm]
noix (f)	ceviz	[dʒæviz]
noisette (f)	fındık	[fındık]
noix (f) de coco	Hindistan cevizi	[hindistan dʒævizi]
pistaches (f pl)	çam fıstığı	[tʃam fıstı:]

56. Le pain. Les confiseries

confiserie (f)	şekerleme	[ʃækærlæmæ]
pain (m)	ekmek	[ækmæk]
biscuit (m)	bisküvi	[biskyvi]

chocolat (m)	çikolata	[tʃikolata]
en chocolat (adj)	çikolatalı	[tʃikolatalı]
bonbon (m)	şeker	[ʃækær]
gâteau (m), pâtisserie (f)	ufak kek	[ufak kæk]
tarte (f)	kek, pasta	[kæk], [pasta]

| gâteau (m) | börek | [børæk] |
| garniture (f) | iç | [itʃ] |

confiture (f)	reçel	[rætʃæʎ]
marmelade (f)	marmelat	[marmælat]
gaufre (f)	gofret	[gofræt]
glace (f)	dondurma	[dondurma]

57. Les épices

sel (m)	tuz	[tuz]
salé (adj)	tuzlu	[tuzlu]
saler (vt)	tuzlamak	[tuzlamak]

poivre (m) noir	siyah biber	[sijah bibær]
poivre (m) rouge	kırmızı biber	[kırmızı bibær]
moutarde (f)	hardal	[hardal]
raifort (m)	bayırturpu	[bajırturpu]

| condiment (m) | çeşni | [tʃæʃni] |
| épice (f) | baharat | [baharat] |

sauce (f)	**salça, sos**	[saltʃa], [sos]
vinaigre (m)	**sirke**	[sirkæ]
anis (m)	**anason**	[anason]
basilic (m)	**fesleğen**	[fæslæ:n]
clou (m) de girofle	**karanfil**	[karanfiʎ]
gingembre (m)	**zencefil**	[zændʒæfiʎ]
coriandre (m)	**kişniş**	[kiʃniʃ]
cannelle (f)	**tarçın**	[tartʃın]
sésame (m)	**susam**	[susam]
feuille (f) de laurier	**defne yaprağı**	[dæfnæ japraı]
paprika (m)	**kırmızıbiber**	[kırmızı bibær]
cumin (m)	**çörek otu**	[tʃoræk otu]
safran (m)	**safran**	[safran]

T&P BOOKS

LES DONNÉES PERSONNELLES. LA FAMILLE

58. Les données personnelles. Les formulaires
59. La famille. Les liens de parenté
60. Les amis. Les collègues

T&P Books Publishing

prénom (m)	ad, isim	[ad], [isim]
nom (m) de famille	soyadı	[sojadı]
date (f) de naissance	doğum tarihi	[doum tarihi]
lieu (m) de naissance	doğum yeri	[doum jæri]
nationalité (f)	milliyet	[millijæt]
domicile (m)	ikamet yeri	[ikamæt jæri]
pays (m)	ülke	[juʎkæ]
profession (f)	meslek	[mæslæk]
sexe (m)	cinsiyet	[dʒinsijæt]
taille (f)	boy	[boj]
poids (m)	ağırlık	[aırlık]

mère (f)	anne	[aŋæ]
père (m)	baba	[baba]
fils (m)	oğul	[øul]
fille (f)	kız	[kız]
fille (f) cadette	küçük kız	[kytʃuk kız]
fils (m) cadet	küçük oğul	[kytʃuk oul]
fille (f) aînée	büyük kız	[byjuk kız]
fils (m) aîné	büyük oğul	[byjuk oul]
frère (m)	kardeş	[kardæʃ]
sœur (f)	abla	[abla]
cousin (m)	erkek kuzen	[ærkæk kuzæn]
cousine (f)	kız kuzen	[kız kuzæn]
maman (f)	anne	[aŋæ]
papa (m)	baba	[baba]
parents (m pl)	ana baba	[ana baba]
enfant (m, f)	çocuk	[tʃodʒuk]
enfants (pl)	çocuklar	[tʃodʒuklar]
grand-mère (f)	büyük anne	[byjuk aŋæ]
grand-père (m)	büyük baba	[byjuk baba]
petit-fils (m)	erkek torun	[ærkæk torun]
petite-fille (f)	kız torun	[kız torun]
petits-enfants (pl)	torunlar	[torunlar]

oncle (m)	amca, dayı	[amdʒa], [dai:]
tante (f)	teyze, hala	[tæjzæ], [hala]
neveu (m)	erkek yeğen	[ærkæk jæ:n]
nièce (f)	kız yeğen	[kız jæ:n]

belle-mère (f)	kaynana	[kajnana]
beau-père (m)	kaynata	[kajnata]
gendre (m)	güvey	[gyvæj]
belle-mère (f)	üvey anne	[juvæj aŋæ]
beau-père (m)	üvey baba	[juvæj baba]

nourrisson (m)	süt çocuğu	[syt tʃodʒu:]
bébé (m)	bebek	[bæbæk]
petit (m)	erkek çocuk	[ærkæk tʃodʒuk]

femme (f)	hanım, eş	[hanım], [æʃ]
mari (m)	eş, koca	[æʃ], [kodʒa]
époux (m)	koca	[kodʒa]
épouse (f)	karı	[karı]

marié (adj)	evli	[ævli]
mariée (adj)	evli	[ævli]
célibataire (adj)	bekâr	[bækʲar]
célibataire (m)	bekâr	[bækʲar]
divorcé (adj)	boşanmış	[boʃanmıʃ]
veuve (f)	dul kadın	[dul kadın]
veuf (m)	dul erkek	[dul ærkæk]

parent (m)	akraba	[akraba]
parent (m) proche	yakın akraba	[jakın akraba]
parent (m) éloigné	uzak akraba	[uzak akraba]
parents (m pl)	akrabalar	[akrabalar]

orphelin (m), orpheline (f)	yetim	[jætim]
tuteur (m)	vasi	[vasi]
adopter (un garçon)	evlatlık almak	[ævlatlık almak]
adopter (une fille)	evlatlık almak	[ævlatlık almak]

60. Les amis. Les collègues

ami (m)	dost, arkadaş	[dost], [arkadaʃ]
amie (f)	kız arkadaş	[kız arkadaʃ]
amitié (f)	dostluk	[dostluk]
être ami	arkadaş olmak	[arkadaʃ olmak]

copain (m)	arkadaş	[arkadaʃ]
copine (f)	kız arkadaş	[kız arkadaʃ]
partenaire (m)	ortak	[ortak]
chef (m)	şef	[ʃæf]
supérieur (m)	amir	[amir]

subordonné (m)	**ast**	[ast]
collègue (m, f)	**meslektaş**	[mæslæktaʃ]
connaissance (f)	**tanıdık**	[tanıdık]
compagnon (m) de route	**yol arkadaşı**	[jol arkadaʃı]
copain (m) de classe	**sınıf arkadaşı**	[sınıf arkadaʃı]
voisin (m)	**komşu**	[komʃu]
voisine (f)	**komşu**	[komʃu]
voisins (m pl)	**komşular**	[komʃular]

LE CORPS HUMAIN.
LES MÉDICAMENTS

61. La tête
62. Le corps humain
63. Les maladies
64. Les symptômes. Le traitement. Partie 1
65. Les symptômes. Le traitement. Partie 2
66. Les symptômes. Le traitement. Partie 3
67. Les médicaments. Les accessoires

T&P Books Publishing

tête (f)	baş	[baʃ]
visage (m)	yüz	[juz]
nez (m)	burun	[burun]
bouche (f)	ağız	[aɪz]
œil (m)	göz	[gøz]
les yeux	gözler	[gøzlær]
pupille (f)	gözbebeği	[gøz bæbæɪ]
sourcil (m)	kaş	[kaʃ]
cil (m)	kirpik	[kirpik]
paupière (f)	göz kapağı	[gøz kapaɪ]
langue (f)	dil	[diʎ]
dent (f)	diş	[diʃ]
lèvres (f pl)	dudaklar	[dudaklar]
pommettes (f pl)	elmacık kemiği	[ælmadʒik kæmiɪ]
gencive (f)	dişeti	[diʃæti]
palais (m)	damak	[damak]
narines (f pl)	burun deliği	[burun dæliɪ]
menton (m)	çene	[tʃænæ]
mâchoire (f)	çene	[tʃænæ]
joue (f)	yanak	[janak]
front (m)	alın	[alɪn]
tempe (f)	şakak	[ʃakak]
oreille (f)	kulak	[kulak]
nuque (f)	ense	[ænsæ]
cou (m)	boyun	[bojun]
gorge (f)	boğaz	[boaz]
cheveux (m pl)	saçlar	[satʃlar]
coiffure (f)	saç	[satʃ]
coupe (f)	saç biçimi	[satʃ bitʃimi]
perruque (f)	peruk	[pæryk]
moustache (f)	bıyık	[bɪjɪk]
barbe (f)	sakal	[sakal]
porter (~ la barbe)	uzatmak, bırakmak	[uzatmak], [bɪrakmak]
tresse (f)	saç örgüsü	[satʃ ørgysy]
favoris (m pl)	favori	[favori]
roux (adj)	kızıl saçlı	[kɪzɪl satʃlɪ]
gris, grisonnant (adj)	kır	[kɪr]

| chauve (adj) | kel | [kæʎ] |
| calvitie (f) | dazlak yer | [dazlak jær] |

| queue (f) de cheval | kuyruk | [kujruk] |
| frange (f) | kakül | [kakyʎ] |

62. Le corps humain

| main (f) | el | [æʎ] |
| bras (m) | kol | [kol] |

| doigt (m) | parmak | [parmak] |
| pouce (m) | başparmak | [baʃ parmak] |

| petit doigt (m) | küçük parmak | [kytʃuk parmak] |
| ongle (m) | tırnak | [tırnak] |

poing (m)	yumruk	[jumruk]
paume (f)	avuç	[avutʃ]
poignet (m)	bilek	[bilæk]
avant-bras (m)	önkol	[øŋkol]

| coude (m) | dirsek | [dirsæk] |
| épaule (f) | omuz | [omuz] |

jambe (f)	bacak	[badʒak]
pied (m)	ayak	[ajak]
genou (m)	diz	[diz]
mollet (m)	baldır	[baldır]

| hanche (f) | kalça | [kaltʃa] |
| talon (m) | topuk | [topuk] |

corps (m)	vücut	[vydʒut]
ventre (m)	karın	[karın]
poitrine (f)	göğüs	[gøjus]
sein (m)	göğüs	[gøjus]
côté (m)	yan	[jan]
dos (m)	sırt	[sırt]

| reins (région lombaire) | alt bel | [alt bæʎ] |
| taille (f) (~ de guêpe) | bel | [bæʎ] |

nombril (m)	göbek	[gøbæk]
fesses (f pl)	kaba et	[kaba æt]
derrière (m)	kıç	[kıtʃ]

grain (m) de beauté	ben	[bæn]
tatouage (m)	dövme	[døvmæ]
cicatrice (f)	yara izi	[jara izi]

63. Les maladies

maladie (f)	hastalık	[hastalık]
être malade	hasta olmak	[hasta olmak]
santé (f)	sağlık	[sa:lık]
rhume (m) (coryza)	nezle	[næzlæ]
angine (f)	anjin	[anʒin]
refroidissement (m)	soğuk algınlığı	[souk algınlı:]
prendre froid	soğuk almak	[souk almak]
bronchite (f)	bronşit	[bronʃit]
pneumonie (f)	zatürree	[zatyræ]
grippe (f)	grip	[grip]
myope (adj)	miyop	[mijop]
presbyte (adj)	hipermetrop	[hipærmætrop]
strabisme (m)	şaşılık	[ʃaʃılık]
strabique (adj)	şaşı	[ʃaʃı]
cataracte (f)	katarakt	[katarakt]
glaucome (m)	glokoma	[glokoma]
insulte (f)	felç	[fæʎtʃ]
crise (f) cardiaque	enfarktüs	[ænfarktys]
infarctus (m) de myocarde	kalp krizi	[kaʎp krizi]
paralysie (f)	felç	[fæʎtʃ]
paralyser (vt)	felç olmak	[fæʎtʃ olmak]
allergie (f)	alerji	[alærʒi]
asthme (m)	astım	[astım]
diabète (m)	diyabet	[diabæt]
mal (m) de dents	diş ağrısı	[diʃ a:rısı]
carie (f)	diş çürümesi	[diʃ tʃurymæsi]
diarrhée (f)	ishal	[ishaʎ]
constipation (f)	kabız	[kabız]
estomac (m) barbouillé	mide bozukluğu	[midæ bozuklu:]
intoxication (f) alimentaire	zehirlenme	[zæhirlænmæ]
être intoxiqué	zehirlenmek	[zæhirlænmæk]
arthrite (f)	artrit, arterit	[artrit]
rachitisme (m)	raşitizm	[raʃitizm]
rhumatisme (m)	romatizma	[romatizma]
athérosclérose (f)	damar sertliği	[damar særtli:]
gastrite (f)	gastrit	[gastrit]
appendicite (f)	apandisit	[apandisit]
ulcère (m)	ülser	[juʎsær]
rougeole (f)	kızamık	[kızamık]
rubéole (f)	kızamıkçık	[kızamıktʃik]

jaunisse (f)	sarılık	[sarılık]
hépatite (f)	hepatit	[hæpatit]
schizophrénie (f)	şizofreni	[ʃizofræni]
rage (f) (hydrophobie)	kuduz hastalığı	[kuduz hastalı:]
névrose (f)	nevroz	[nævroz]
commotion (f) cérébrale	beyin kanaması	[bæjın kanaması]
cancer (m)	kanser	[kansær]
sclérose (f)	skleroz	[sklæroz]
sclérose (f) en plaques	multipl skleroz	[muʌtipl sklæroz]
alcoolisme (m)	alkoliklik	[alkoliklik]
alcoolique (m)	alkolik	[alkolik]
syphilis (f)	frengi	[fræɲi]
SIDA (m)	AİDS	[æeids]
tumeur (f)	tümör, ur	[tymør], [jur]
maligne (adj)	kötü huylu	[køty hujlu]
bénigne (adj)	iyi huylu	[ijı hujlu]
fièvre (f)	sıtma	[sıtma]
malaria (f)	malarya	[malarja]
gangrène (f)	kangren	[kaŋræn]
mal (m) de mer	deniz tutması	[dæniz tutması]
épilepsie (f)	epilepsi	[æpilæpsi]
épidémie (f)	salgın	[salgın]
typhus (m)	tifüs	[tifys]
tuberculose (f)	verem	[væræm]
choléra (m)	kolera	[kolæra]
peste (f)	veba	[væba]

64. Les symptômes. Le traitement. Partie 1

symptôme (m)	belirti	[bælirti]
température (f)	ateş	[atæʃ]
fièvre (f)	yüksek ateş	[juksæk atæʃ]
pouls (m)	nabız	[nabız]
vertige (m)	baş dönmesi	[baʃ dønmæsi]
chaud (adj)	ateşli	[atæʃli]
frisson (m)	üşüme	[juʃymæ]
pâle (adj)	solgun	[solgun]
toux (f)	öksürük	[øksyryk]
tousser (vi)	öksürmek	[øksyrmæk]
éternuer (vi)	hapşırmak	[hapʃırmak]
évanouissement (m)	baygınlık	[bajgınlık]
s'évanouir (vp)	bayılmak	[bajılmak]

bleu (m)	çürük	[tʃuryk]
bosse (f)	şişlik	[ʃiʃlik]
se heurter (vp)	çarpmak	[tʃarpmak]
meurtrissure (f)	yara	[jara]
se faire mal	yaralamak	[jaralamak]
boiter (vi)	topallamak	[topallamak]
foulure (f)	çıkık	[tʃɪkɪk]
se démettre (l'épaule, etc.)	çıkmak	[tʃɪkmak]
fracture (f)	kırık, fraktür	[kirik], [fraktyr]
avoir une fracture	kırılmak	[kɪrɪlmak]
coupure (f)	kesik	[kæsik]
se couper (~ le doigt)	bir yerini kesmek	[bir jærini kæsmæk]
hémorragie (f)	kanama	[kanama]
brûlure (f)	yanık	[janɪk]
se brûler (vp)	yanmak	[janmak]
se piquer (le doigt)	batırmak	[batɪrmak]
se piquer (vp)	batırmak	[batɪrmak]
blesser (vt)	yaralamak	[jaralamak]
blessure (f)	yara, zarar	[jara], [zarar]
plaie (f) (blessure)	yara	[jara]
trauma (m)	sarsıntı	[sarsɪntɪ]
délirer (vi)	sayıklamak	[sajɪklamak]
bégayer (vi)	kekelemek	[kækælæmæk]
insolation (f)	güneş çarpması	[gynæʃ tʃarpması]

65. Les symptômes. Le traitement. Partie 2

douleur (f)	acı	[adʒɪ]
écharde (f)	kıymık	[kɪjmɪk]
sueur (f)	ter	[tær]
suer (vi)	terlemek	[tærlæmæk]
vomissement (m)	kusma	[kusma]
spasmes (m pl)	kramp	[kramp]
enceinte (adj)	hamile	[hamilæ]
naître (vi)	doğmak	[do:mak]
accouchement (m)	doğum	[doum]
accoucher (vi)	doğurmak	[dourmak]
avortement (m)	çocuk düşürme	[tʃodʒuk dyʃyrmæ]
respiration (f)	respirasyon	[ræspirasʲon]
inhalation (f)	soluk alma	[soluk alma]
expiration (f)	soluk verme	[soluk vermæ]
expirer (vi)	soluk vermek	[soluk værmæk]

inspirer (vi)	bir soluk almak	[bir soluk almak]
invalide (m)	malul	[malyl]
handicapé (m)	sakat	[sakat]
drogué (m)	uyuşturucu bağımlısı	[ujuʃturuʤu baımlısı]

sourd (adj)	sağır	[saır]
muet (adj)	dilsiz	[diʌsiz]
sourd-muet (adj)	sağır ve dilsiz	[saır væ diʌsiz]

fou (adj)	deli	[dæli]
fou (m)	deli adam	[dæli adam]
folle (f)	deli kadın	[dæli kadın]
devenir fou	çıldırmak	[tʃıldırmak]

gène (m)	gen	[gæn]
immunité (f)	bağışıklık	[baıʃıklık]
héréditaire (adj)	irsi, kalıtsal	[irsi], [kalıtsal]
congénital (adj)	doğuştan	[douʃtan]

virus (m)	virüs	[virys]
microbe (m)	mikrop	[mikrop]
bactérie (f)	bakteri	[baktæri]
infection (f)	enfeksiyon	[ænfæksijon]

66. Les symptômes. Le traitement. Partie 3

| hôpital (m) | hastane | [hastanæ] |
| patient (m) | hasta | [hasta] |

diagnostic (m)	teşhis	[tæʃhis]
cure (f) (faire une ~)	çare	[tʃaræ]
traitement (m)	tedavi	[tædavi]
se faire soigner	tedavi görmek	[tædavi gørmæk]
traiter (un patient)	tedavi etmek	[tædavi ætmæk]
soigner (un malade)	hastaya bakmak	[hastaja bakmak]
soins (m pl)	hasta bakımı	[hasta bakımı]

opération (f)	ameliyat	[amælijat]
panser (vt)	pansuman yapmak	[pansuman japmak]
pansement (m)	pansuman	[pansuman]

vaccination (f)	aşılama	[aʃılama]
vacciner (vt)	aşı yapmak	[aʃı japmak]
piqûre (f)	iğne	[i:næ]
faire une piqûre	iğne yapmak	[i:næ japmak]

amputation (f)	ampütasyon	[ampytasion]
amputer (vt)	ameliyatla almak	[amælijatla almak]
coma (m)	koma	[koma]
être dans le coma	komada olmak	[komada olmak]

réanimation (f)	yoğun bakım	[joun bakım]
se rétablir (vp)	iyileşmek	[ijılæʃmæk]
état (m) (de santé)	durum	[durum]
conscience (f)	bilinç	[bilintʃ]
mémoire (f)	hafıza	[hafıza]
arracher (une dent)	çekmek	[tʃækmæk]
plombage (m)	dolgu	[dolgu]
plomber (vt)	dolgu yapmak	[dolgu japmak]
hypnose (f)	hipnoz	[hipnoz]
hypnotiser (vt)	hipnotize etmek	[hipnotizæ ætmæk]

67. Les médicaments. Les accessoires

médicament (m)	ilaç	[ilatʃ]
remède (m)	deva	[dæva]
prescrire (vt)	yazmak	[jazmak]
ordonnance (f)	reçete	[rætʃætæ]
comprimé (m)	hap	[hap]
onguent (m)	merhem	[mærhæm]
ampoule (f)	ampul	[ampuʎ]
mixture (f)	solüsyon	[solysʲon]
sirop (m)	şurup	[ʃurup]
pilule (f)	kapsül	[kapsyl]
poudre (f)	toz	[toz]
bande (f)	bandaj	[bandaʒ]
coton (m) (ouate)	pamuk	[pamuk]
iode (m)	iyot	[ijot]
sparadrap (m)	yara bandı	[jara bandı]
compte-gouttes (m)	damlalık	[damlalık]
thermomètre (m)	derece	[dærædʒæ]
seringue (f)	şırınga	[ʃiriŋa]
fauteuil (m) roulant	tekerlekli sandalye	[tækærlækli sandaʎʲæ]
béquilles (f pl)	koltuk değneği	[koltuk dæjnæi]
anesthésique (m)	anestetik	[anæstætik]
purgatif (m)	müshil	[myshiʎ]
alcool (m)	ispirto	[ispirto]
herbe (f) médicinale	şifalı bitkiler	[ʃifalı bitkilær]
d'herbes (adj)	bitkisel	[bitkisæʎ]

T&P BOOKS

L'APPARTEMENT

68. L'appartement
69. Les meubles. L'intérieur
70. La literie
71. La cuisine
72. La salle de bains
73. Les appareils électroménagers

T&P Books Publishing

68. L'appartement

appartement (m)	daire	[dairæ]
chambre (f)	oda	[oda]
chambre (f) à coucher	yatak odası	[jatak odası]
salle (f) à manger	yemek odası	[jæmæk odası]
salon (m)	misafir odası	[misafir odası]
bureau (m)	çalışma odası	[ʧalıʃma odası]
antichambre (f)	antre	[antræ]
salle (f) de bains	banyo odası	[baɲⁱo odası]
toilettes (f pl)	tuvalet	[tuvalæt]
plafond (m)	tavan	[tavan]
plancher (m)	taban, yer	[taban], [jær]
coin (m)	köşesi	[køʃæsi]

69. Les meubles. L'intérieur

meubles (m pl)	mobilya	[mobiʎja]
table (f)	masa	[masa]
chaise (f)	sandalye	[sandaʎⁱæ]
lit (m)	yatak	[jatak]
canapé (m)	kanape	[kanapæ]
fauteuil (m)	koltuk	[koltuk]
bibliothèque (f) (meuble)	kitaplık	[kitaplık]
rayon (m)	kitap rafı	[kitap rafı]
étagère (f)	etajer	[ætaʒær]
armoire (f)	elbise dolabı	[æʎbisæ dolabı]
patère (f)	duvar askısı	[duvar askısı]
portemanteau (m)	portmanto	[portmanto]
commode (f)	komot	[komot]
table (f) basse	sehpa	[sæhpa]
miroir (m)	ayna	[ajna]
tapis (m)	halı	[halı]
petit tapis (m)	kilim	[kilim]
cheminée (f)	şömine	[ʃominæ]
bougie (f)	mum	[mum]
chandelier (m)	mumluk	[mumluk]

rideaux (m pl)	perdeler	[pærdlær]
papier (m) peint	duvar kağıdı	[duvar kʲaıdı]
jalousie (f)	jaluzi	[ʒalyzi]

lampe (f) de table	masa lambası	[masa lambası]
applique (f)	lamba	[lamba]
lampadaire (m)	ayaklı lamba	[ajaklı lamba]
lustre (m)	avize	[avizæ]

pied (m) (~ de la table)	ayak	[ajak]
accoudoir (m)	kol	[kol]
dossier (m)	arkalık	[arkalık]
tiroir (m)	çekmece	[ʧækmæʤæ]

70. La literie

linge (m) de lit	çamaşır	[ʧamaʃır]
oreiller (m)	yastık	[jastık]
taie (f) d'oreiller	yastık kılıfı	[jastık kılıfı]
couverture (f)	battaniye	[battanijæ]
drap (m)	çarşaf	[ʧarʃaf]
couvre-lit (m)	örtü	[ørty]

71. La cuisine

cuisine (f)	mutfak	[mutfak]
gaz (m)	gaz	[gaz]
cuisinière (f) à gaz	gaz sobası	[gaz sobası]
cuisinière (f) électrique	elektrik ocağı	[ælæktrik oʤaı]
four (m)	fırın	[fırın]
four (m) micro-ondes	mikrodalga fırın	[mikrodalga fırın]

réfrigérateur (m)	buzdolabı	[buzdolabı]
congélateur (m)	derin dondurucu	[dærin dondurudʒu]
lave-vaisselle (m)	bulaşık makinesi	[bulaʃık makinæsi]

hachoir (m) à viande	kıyma makinesi	[kıjma makinæsi]
centrifugeuse (f)	meyve sıkacağı	[mæjvæ sıkadʒaı]
grille-pain (m)	tost makinesi	[tost makinæsi]
batteur (m)	mikser	[miksær]

machine (f) à café	kahve makinesi	[kahvæ makinæsi]
cafetière (f)	cezve	[dʒæzvæ]
moulin (m) à café	kahve değirmeni	[kahvæ dæirmæni]

bouilloire (f)	çaydanlık	[ʧajdanlık]
théière (f)	demlik	[dæmlik]
couvercle (m)	kapak	[kapak]

passoire (f) à thé	süzgeci	[syzgædʒi]
cuillère (f)	kaşık	[kaʃık]
petite cuillère (f)	çay kaşığı	[tʃaj kaʃı:]
cuillère (f) à soupe	yemek kaşığı	[jæmæk kaʃı:]
fourchette (f)	çatal	[tʃatal]
couteau (m)	bıçak	[bıtʃak]
vaisselle (f)	mutfak gereçleri	[mutfak gærætʃlæri]
assiette (f)	tabak	[tabak]
soucoupe (f)	fincan tabağı	[findʒan tabaı]
verre (m) à shot	kadeh	[kadæ]
verre (m) (~ d'eau)	bardak	[bardak]
tasse (f)	fincan	[findʒan]
sucrier (m)	şekerlik	[ʃækærlik]
salière (f)	tuzluk	[tuzluk]
poivrière (f)	biberlik	[bibærlik]
beurrier (m)	tereyağı tabağı	[tæræjaı tabaı]
casserole (f)	tencere	[tændʒæræ]
poêle (f)	tava	[tava]
louche (f)	kepçe	[kæptʃæ]
passoire (f)	süzgeç	[syzgætʃ]
plateau (m)	tepsi	[tæpsi]
bouteille (f)	şişe	[ʃiʃæ]
bocal (m) (à conserves)	kavanoz	[kavanoz]
boîte (f) en fer-blanc	teneke	[tænækæ]
ouvre-bouteille (m)	şişe açacağı	[ʃiʃæ atʃadʒaı]
ouvre-boîte (m)	konserve açacağı	[konsærvæ atʃadʒaı]
tire-bouchon (m)	tirbuşon	[tirbyʃon]
filtre (m)	filtre	[fiʌtræ]
filtrer (vt)	filtre etmek	[fiʌtræ ætmæk]
ordures (f pl)	çöp	[tʃop]
poubelle (f)	çöp kovası	[tʃop kovası]

72. La salle de bains

salle (f) de bains	banyo odası	[baɲio odası]
eau (f)	su	[su]
robinet (m)	musluk	[musluk]
eau (f) chaude	sıcak su	[sıdʒak su]
eau (f) froide	soğuk su	[souk su]
dentifrice (m)	diş macunu	[diʃ madʒunu]
se brosser les dents	dişlerini fırçalamak	[diʃlærini fırtʃalamak]
se raser (vp)	tıraş olmak	[tıraʃ olmak]

| mousse (f) à raser | tıraş köpüğü | [tɪraʃ køpyju] |
| rasoir (m) | jilet | [ʒilæt] |

laver (vt)	yıkamak	[jɪkamak]
se laver (vp)	yıkanmak	[jɪkanmak]
douche (f)	duş	[duʃ]
prendre une douche	duş almak	[duʃ almak]

baignoire (f)	banyo	[baɲʲo]
cuvette (f)	klozet	[klozæt]
lavabo (m)	küvet	[kyvæt]

| savon (m) | sabun | [sabun] |
| porte-savon (m) | sabunluk | [sabunluk] |

éponge (f)	sünger	[syɲær]
shampooing (m)	şampuan	[ʃampuan]
serviette (f)	havlu	[havlu]
peignoir (m) de bain	bornoz	[bornoz]

lessive (f) (faire la ~)	çamaşır yıkama	[ʧamaʃɪr jɪkama]
machine (f) à laver	çamaşır makinesi	[ʧamaʃɪr makinæsi]
faire la lessive	çamaşırları yıkamak	[ʧamaʃɪrlarɪ jɪkamak]
lessive (f) (poudre)	çamaşır deterjanı	[ʧamaʃɪr dætærʒanɪ]

73. Les appareils électroménagers

téléviseur (m)	televizyon	[tælæviziʲon]
magnétophone (m)	teyp	[tæjp]
magnétoscope (m)	video	[vidæo]
radio (f)	radyo	[radʲo]
lecteur (m)	çalar	[ʧalar]

vidéoprojecteur (m)	projeksiyon makinesi	[proʒæksion makinæsi]
home cinéma (m)	ev sinema	[ævʲ sinæma]
lecteur DVD (m)	DVD oynatıcı	[dividi ojnatɪʤɪ]
amplificateur (m)	amplifikatör	[amplifikator]
console (f) de jeux	oyun konsolu	[ojun konsolu]

caméscope (m)	video kamera	[vidæokamæra]
appareil (m) photo	fotoğraf makinesi	[fotoraf makinæsi]
appareil (m) photo numérique	dijital fotoğraf makinesi	[diʒital fotoraf makinæsi]

aspirateur (m)	elektrik süpürgesi	[ælæktrik sypyrgæsi]
fer (m) à repasser	ütü	[juty]
planche (f) à repasser	ütü masası	[juty masasɪ]

| téléphone (m) | telefon | [tælæfon] |
| portable (m) | cep telefonu | [ʤæp tælæfonu] |

machine (f) à écrire	**daktilo**	[daktilo]
machine (f) à coudre	**dikiş makinesi**	[dikiʃ makinæsi]
micro (m)	**mikrofon**	[mikrofon]
écouteurs (m pl)	**kulaklık**	[kulaklık]
télécommande (f)	**uzaktan kumanda**	[uzaktan kumanda]
CD (m)	**CD**	[sidi]
cassette (f)	**teyp kaseti**	[tæjp kasæti]
disque (m) (vinyle)	**vinil plak**	[vinil plak]

LA TERRE. LE TEMPS

74. L'espace cosmique
75. La Terre
76. Les quatre parties du monde
77. Les océans et les mers
78. Les noms des mers et des océans
79. Les montagnes
80. Les noms des chaînes de montagne
81. Les fleuves
82. Les noms des fleuves
83. La forêt
84. Les ressources naturelles
85. Le temps
86. Les intempéries. Les catastrophes
    naturelles

T&P Books Publishing

cosmos (m)	uzay, evren	[uzaj], [ævræn]
cosmique (adj)	uzay	[uzaj]
espace (m) cosmique	feza	[fæza]
monde (m)	kainat	[kajnat]
univers (m)	evren	[ævræn]
galaxie (f)	galaksi	[galaksi]
étoile (f)	yıldız	[jıldız]
constellation (f)	takımyıldız	[takımjıldız]
planète (f)	gezegen	[gæzægæn]
satellite (m)	uydu	[ujdu]
météorite (m)	göktaşı	[gøktaʃı]
comète (f)	kuyruklu yıldız	[kujruklu jıldız]
astéroïde (m)	asteroit	[astæroit]
orbite (f)	yörünge	[jorynæ]
tourner (vi)	dönmek	[dønmæk]
atmosphère (f)	atmosfer	[atmosfær]
Soleil (m)	Güneş	[gynæʃ]
système (m) solaire	Güneş sistemi	[gynæʃ sistæmi]
éclipse (f) de soleil	Güneş tutulması	[gynæʃ tutulması]
Terre (f)	Dünya	[dynja]
Lune (f)	Ay	[aj]
Mars (m)	Mars	[mars]
Vénus (f)	Venüs	[vænys]
Jupiter (m)	Jüpiter	[ʒupitær]
Saturne (m)	Satürn	[satyrn]
Mercure (m)	Merkür	[mærkyr]
Uranus (m)	Uranüs	[uranysj]
Neptune	Neptün	[næptyn]
Pluton (m)	Plüton	[plyton]
la Voie Lactée	Samanyolu	[samaɲolu]
la Grande Ours	Büyükayı	[byjuk ajı]
la Polaire	Kutup yıldızı	[kutup jıldızı]
martien (m)	Merihli	[mærihli]
extraterrestre (m)	uzaylı	[uzajlı]
alien (m)	uzaylı	[uzajlı]

soucoupe (f) volante	uçan daire	[utʃan dairæ]
vaisseau (m) spatial	uzay gemisi	[uzaj gæmisi]
station (f) orbitale	yörünge istasyonu	[joryŋæ istasˈonu]
lancement (m)	uzaya fırlatma	[uzaja fırlatma]
moteur (m)	motor	[motor]
tuyère (f)	roket meme	[rokæt mæmæ]
carburant (m)	yakıt	[jakıt]
cabine (f)	kabin	[kabin]
antenne (f)	anten	[antæn]
hublot (m)	lombar	[lombar]
batterie (f) solaire	güneş pili	[gynæʃ pili]
scaphandre (m)	uzay elbisesi	[uzaj æ∧bisæsi]
apesanteur (f)	ağırlıksızlık	[aırlıksızlık]
oxygène (m)	oksijen	[oksiʒæn]
arrimage (m)	uzayda kenetlenme	[uzajda kænætlænmæ]
s'arrimer à ...	kenetlenmek	[kænætlænmæk]
observatoire (m)	gözlemevi	[gøzlæmævi]
télescope (m)	teleskop	[tælæskop]
observer (vt)	gözlemlemek	[gøzlæmlæmæk]
explorer (un cosmos)	araştırmak	[araʃtırmak]

75. La Terre

Terre (f)	Dünya	[dyɲja]
globe (m) terrestre	yerküre	[jærkyræ]
planète (f)	gezegen	[gæzægæn]
atmosphère (f)	atmosfer	[atmosfær]
géographie (f)	coğrafya	[dʒorafja]
nature (f)	doğa	[doa]
globe (m) de table	yerküre	[jærkyræ]
carte (f)	harita	[harita]
atlas (m)	atlas	[atlas]
Europe (f)	Avrupa	[avrupa]
Asie (f)	Asya	[asja]
Afrique (f)	Afrika	[afrika]
Australie (f)	Avustralya	[avustra∧ja]
Amérique (f)	Amerika	[amærika]
Amérique (f) du Nord	Kuzey Amerika	[kuzæj amærika]
Amérique (f) du Sud	Güney Amerika	[gynæj amærika]
l'Antarctique (m)	Antarktik	[antarktik]
l'Arctique (m)	Arktik	[arktik]

76. Les quatre parties du monde

nord (m)	**kuzey**	[kuzæj]
vers le nord	**kuzeye**	[kuzæjæ]
au nord	**kuzeyde**	[kuzæjdæ]
du nord (adj)	**kuzey**	[kuzæj]
sud (m)	**güney**	[gynæj]
vers le sud	**güneye**	[gynæjæ]
au sud	**güneyde**	[gynæjdæ]
du sud (adj)	**güney**	[gynæj]
ouest (m)	**batı**	[batı]
vers l'occident	**batıya**	[batıja]
à l'occident	**batıda**	[batıda]
occidental (adj)	**batı**	[batı]
est (m)	**doğu**	[dou]
vers l'orient	**doğuya**	[douja]
à l'orient	**doğuda**	[douda]
oriental (adj)	**doğu**	[dou]

77. Les océans et les mers

mer (f)	**deniz**	[dæniz]
océan (m)	**okyanus**	[okjanus]
golfe (m)	**körfez**	[kørfæz]
détroit (m)	**boğaz**	[boaz]
continent (m)	**kıta**	[kıta]
île (f)	**ada**	[ada]
presqu'île (f)	**yarımada**	[jarımada]
archipel (m)	**takımada**	[takımada]
baie (f)	**koy**	[koj]
port (m)	**liman**	[liman]
lagune (f)	**deniz kulağı**	[dæniz kulaı]
cap (m)	**burun**	[burun]
atoll (m)	**atol**	[atol]
récif (m)	**resif**	[ræsif]
corail (m)	**mercan**	[mærdʒan]
récif (m) de corail	**mercan kayalığı**	[mærdʒan kajalı:]
profond (adj)	**derin**	[dærin]
profondeur (f)	**derinlik**	[dærinlik]
abîme (m)	**uçurum**	[utʃurum]
fosse (f) océanique	**çukur**	[tʃukur]
courant (m)	**akıntı**	[akıntı]

baigner (vt) (mer)	çevrelemek	[ʧævrælæmæk]
littoral (m)	kıyı	[kɪjɪ]
côte (f)	kıyı, sahil	[kɪjɪ], [sahil]

marée (f) haute	kabarma	[kabarma]
marée (f) basse	cezir	[dʒæzir]
banc (m) de sable	sığlık	[sɪːlɪk]
fond (m)	dip	[dip]

vague (f)	dalga	[dalga]
crête (f) de la vague	dağ sırtı	[daı sırtı]
mousse (f)	köpük	[køpyk]

tempête (f) en mer	fırtına	[fɪrtına]
ouragan (m)	kasırga	[kasırga]
tsunami (m)	tsunami	[tsunami]
calme (m)	limanlık	[limanlık]
calme (tranquille)	sakin	[sakin]

| pôle (m) | kutup | [kutup] |
| polaire (adj) | kutuplu | [kutuplu] |

latitude (f)	enlem	[ænlæm]
longitude (f)	boylam	[bojlam]
parallèle (f)	paralel	[paralæʎ]
équateur (m)	ekvator	[ækvator]

ciel (m)	gök	[gøk]
horizon (m)	ufuk	[ufuk]
air (m)	hava	[hava]

phare (m)	deniz feneri	[dæniz fænæri]
plonger (vi)	dalmak	[dalmak]
sombrer (vi)	batmak	[batmak]
trésor (m)	hazine	[hazinæ]

78. Les noms des mers et des océans

océan (m) Atlantique	Atlas Okyanusu	[atlas okjanusu]
océan (m) Indien	Hint Okyanusu	[hint okjanusu]
océan (m) Pacifique	Pasifik Okyanusu	[pasifik okjanusu]
océan (m) Glacial	Kuzey Buz Denizi	[kuzæj buz dænizi]

mer (f) Noire	Karadeniz	[karadæniz]
mer (f) Rouge	Kızıldeniz	[kızıldæniz]
mer (f) Jaune	Sarı Deniz	[sarı dæniz]
mer (f) Blanche	Beyaz Deniz	[bæjaz dæniz]

| mer (f) Caspienne | Hazar Denizi | [hazar dænizi] |
| mer (f) Morte | Ölüdeniz | [ølydæniz] |

mer (f) Méditerranée	Akdeniz	[akdæniz]
mer (f) Égée	Ege Denizi	[ægæ dænizi]
mer (f) Adriatique	Adriyatik Denizi	[adrijatik dænizi]

mer (f) Arabique	Umman Denizi	[umman dænizi]
mer (f) du Japon	Japon Denizi	[ʒapon dænizi]
mer (f) de Béring	Bering Denizi	[bæriŋ dænizi]
mer (f) de Chine Méridionale	Güney Çin Denizi	[gynæj tʃin dænizi]

mer (f) de Corail	Mercan Denizi	[mærdʒan dænizi]
mer (f) de Tasman	Tasman Denizi	[tasman dænizi]
mer (f) Caraïbe	Karayip Denizi	[karaip dænizi]

| mer (f) de Barents | Barents Denizi | [barænts dænizi] |
| mer (f) de Kara | Kara Denizi | [kara dænizi] |

mer (f) du Nord	Kuzey Denizi	[kuzæj dænizi]
mer (f) Baltique	Baltık Denizi	[baltık dænizi]
mer (f) de Norvège	Norveç Denizi	[norvætʃ dænizi]

79. Les montagnes

montagne (f)	dağ	[da:]
chaîne (f) de montagnes	dağ silsilesi	[da: silsilæsi]
crête (f)	sıradağlar	[sırada:lar]

sommet (m)	zirve	[zirvæ]
pic (m)	doruk, zirve	[doruk], [zirvæ]
pied (m)	etek	[ætæk]
pente (f)	yamaç	[jamatʃ]

volcan (m)	yanardağ	[janarda:]
volcan (m) actif	faal yanardağ	[fa:ʎ janarda:]
volcan (m) éteint	sönmüş yanardağ	[sønmyʃ janarda:]

éruption (f)	püskürme	[pyskyrmæ]
cratère (m)	yanardağ ağzı	[janarda: a:zı]
magma (m)	magma	[magma]
lave (f)	lav	[lɑv]
en fusion (lave ~)	kızgın	[kızgın]

canyon (m)	kanyon	[kaɲion]
défilé (m) (gorge)	boğaz	[boaz]
crevasse (f)	dere	[dæræ]
précipice (m)	uçurum	[utʃurum]

col (m) de montagne	dağ geçidi	[da: gætʃidi]
plateau (m)	yayla	[jajla]
rocher (m)	kaya	[kaja]

colline (f)	tepe	[tæpæ]
glacier (m)	buzluk	[buzluk]
chute (f) d'eau	şelâle	[ʃælalæ]
geyser (m)	gayzer	[gajzær]
lac (m)	göl	[gøʎ]

plaine (f)	ova	[ova]
paysage (m)	manzara	[manzara]
écho (m)	yankı	[jaŋkı]

alpiniste (m)	dağcı, alpinist	[da:dʒı], [alpinist]
varappeur (m)	dağcı	[da:dʒı]
conquérir (vt)	fethetmek	[fæthætmæk]
ascension (f)	tırmanma	[tırmanma]

80. Les noms des chaînes de montagne

Alpes (f pl)	Alp Dağları	[aʎp da:ları]
Mont Blanc (m)	Mont Blanc	[mont blan]
Pyrénées (f pl)	Pireneler	[pirinælær]

Carpates (f pl)	Karpatlar	[karpatlar]
Monts Oural (m pl)	Ural Dağları	[ural da:ları]
Caucase (m)	Kafkasya	[kafkasja]
Elbrous (m)	Elbruz Dağı	[ælbrus da:ı]

Altaï (m)	Altay	[altaj]
Tian Chan (m)	Tien-şan	[tʲæn ʃan]
Pamir (m)	Pamir	[pamir]
Himalaya (m)	Himalaya Dağları	[himalaja da:ları]
Everest (m)	Everest Dağı	[æværæst da:ı]

Andes (f pl)	And Dağları	[and da:ları]
Kilimandjaro (m)	Kilimanjaro	[kilimandʒaro]

81. Les fleuves

rivière (f), fleuve (m)	nehir, ırmak	[næhir], [ırmak]
source (f)	kaynak	[kajnak]
lit (m) (d'une rivière)	nehir yatağı	[næhir jataı]
bassin (m)	havza	[havza]
se jeter dans ...	... dökülmek	[døkyʎmæk]

affluent (m)	kol	[kol]
rive (f)	sahil	[sahiʎ]

courant (m)	akıntı	[akıntı]
en aval	nehir boyunca	[næhir bojundʒa]

en amont	nehirden yukarı	[næhirdæn jukarı]
inondation (f)	taşkın	[taʃkın]
les grandes crues	nehrin taşması	[næhrin taʃması]
déborder (vt)	taşmak	[taʃmak]
inonder (vt)	su basmak	[su basmak]
bas-fond (m)	sığlık	[sı:lık]
rapide (m)	nehrin akıntılı yeri	[næhrin akıntılı jæri]
barrage (m)	baraj	[baraʒ]
canal (m)	kanal	[kanal]
lac (m) de barrage	baraj gölü	[baraʒ gøly]
écluse (f)	alavere havuzu	[alaværæ havuzu]
plan (m) d'eau	su birikintisi	[su birikintisi]
marais (m)	bataklık	[bataklık]
fondrière (f)	bataklık arazi	[bataklık arazi]
tourbillon (m)	girdap	[girdap]
ruisseau (m)	dere	[dæræ]
potable (adj)	içilir	[itʃilir]
douce (l'eau ~)	tatlı	[tatlı]
glace (f)	buz	[buz]
être gelé	buz tutmak	[buz tutmak]

82. Les noms des fleuves

Seine (f)	Sen nehri	[sæn næhri]
Loire (f)	Loire nehri	[luara næhri]
Tamise (f)	Thames nehri	[tæmz næhri]
Rhin (m)	Ren nehri	[ræn næhri]
Danube (m)	Tuna nehri	[tuna næhri]
Volga (f)	Volga nehri	[volga næhri]
Don (m)	Don nehri	[don næhri]
Lena (f)	Lena nehri	[læna næhri]
Huang He (m)	Sarı Irmak	[sarı ırmak]
Yangzi Jiang (m)	Yangçe nehri	[jaŋtʃæ næhri]
Mékong (m)	Mekong nehri	[mækoŋ næhri]
Gange (m)	Ganj nehri	[ganʒ næhri]
Nil (m)	Nil nehri	[nil næhri]
Congo (m)	Kongo nehri	[koŋo næhri]
Okavango (m)	Okavango nehri	[okavaŋo næhri]
Zambèze (m)	Zambezi nehri	[zambæzi næhri]
Limpopo (m)	Limpopo nehri	[limpopo næhri]
Mississippi (m)	Mississippi nehri	[misisipi næhri]

83. La forêt

| forêt (f) | orman | [orman] |
| forestier (adj) | orman | [orman] |

fourré (m)	kesif orman	[kæsif orman]
bosquet (m)	koru, ağaçlık	[koru], [a:tʃlık]
clairière (f)	ormanda açıklığı	[ormanda atʃıklı:]

| broussailles (f pl) | sık ağaçlık | [ʃık a:tʃlık] |
| taillis (m) | çalılık | [tʃalılık] |

| sentier (m) | keçi yolu | [kætʃi jolu] |
| ravin (m) | sel yatağı | [sæl jataı] |

arbre (m)	ağaç	[a:tʃ]
feuille (f)	yaprak	[japrak]
feuillage (m)	yapraklar	[japraklar]

chute (f) de feuilles	yaprak dökümü	[japrak døkymy]
tomber (feuilles)	dökülmek	[døkyʎmæk]
sommet (m)	ağacın tepesi	[a:dʒin tæpæsi]

rameau (m)	dal	[dal]
branche (f)	ağaç dalı	[a:tʃ dalı]
bourgeon (m)	tomurcuk	[tomurdʒuk]
aiguille (f)	iğne yaprak	[i:næ japrak]
pomme (f) de pin	kozalak	[kozalak]

creux (m)	kovuk	[kovuk]
nid (m)	yuva	[juva]
terrier (m) (~ d'un renard)	in	[in]

tronc (m)	gövde	[gøvdæ]
racine (f)	kök	[køk]
écorce (f)	kabuk	[kabuk]
mousse (f)	yosun	[josun]

déraciner (vt)	kökünden sökmek	[køkyndæn søkmæk]
abattre (un arbre)	kesmek	[kæsmæk]
déboiser (vt)	ağaçları yok etmek	[a:tʃları jok ætmæk]
souche (f)	kütük	[kytyk]

feu (m) de bois	kamp ateşi	[kamp atæʃi]
incendie (m)	yangın	[janın]
éteindre (feu)	söndürmek	[søndyrmæk]

garde (m) forestier	orman bekçisi	[orman bæktʃisi]
protection (f)	koruma	[koruma]
protéger (vt)	korumak	[korumak]
braconnier (m)	kaçak avcı	[katʃak avdʒı]

piège (m) à mâchoires	kapan	[kapan]
cueillir (vt)	toplamak	[toplamak]
s'égarer (vp)	yolunu kaybetmek	[jolunu kajbætmæk]

84. Les ressources naturelles

ressources (f pl) naturelles	doğal kaynaklar	[doal kajnaklar]
minéraux (m pl)	madensel maddeler	[madænsæl maddælær]
gisement (m)	katman	[katman]
champ (m) (~ pétrolifère)	yatak	[jatak]

extraire (vt)	çıkarmak	[tʃıkarmak]
extraction (f)	maden çıkarma	[madæn tʃikarma]
minerai (m)	filiz	[filiz]
mine (f) (site)	maden ocağı	[madæn odʒaı]
puits (m) de mine	kuyu	[kuju]
mineur (m)	maden işçisi	[madæn iʃtʃisi]

gaz (m)	gaz	[gaz]
gazoduc (m)	gaz boru hattı	[gaz boru hattı]

pétrole (m)	petrol	[pætrol]
pipeline (m)	petrol boru hattı	[pætrol boru hattı]
tour (f) de forage	petrol kulesi	[pætrol kulæsi]
derrick (m)	sondaj kulesi	[sondaʒ kulæsi]
pétrolier (m)	tanker	[taŋkær]

sable (m)	kum	[kum]
calcaire (m)	kireçtaşı	[kirætʃtaʃi]
gravier (m)	çakıl	[tʃakılı]
tourbe (f)	turba	[turba]
argile (f)	kil	[kiʎ]
charbon (m)	kömür	[kømyr]

fer (m)	demir	[dæmir]
or (m)	altın	[altın]
argent (m)	gümüş	[gymyʃ]
nickel (m)	nikel	[nikæʎ]
cuivre (m)	bakır	[bakır]

zinc (m)	çinko	[tʃiŋko]
manganèse (m)	manganez	[maŋanæz]

mercure (m)	cıva	[dʒıva]
plomb (m)	kurşun	[kurʃun]

minéral (m)	mineral	[minæral]
cristal (m)	billur	[billyr]
marbre (m)	mermer	[mærmær]
uranium (m)	uranyum	[uraɲium]

85. Le temps

temps (m)	hava	[hava]
météo (f)	hava tahmini	[hava tahmini]
température (f)	sıcaklık	[sɪdʒaklık]
thermomètre (m)	termometre	[tærmomætræ]
baromètre (m)	barometre	[baromætræ]

humidité (f)	nem	[næm]
chaleur (f) (canicule)	sıcaklık	[sɪdʒaklık]
torride (adj)	sıcak	[sɪdʒak]
il fait très chaud	hava sıcak	[hava sɪdʒak]

| il fait chaud | hava ılık | [hava ılık] |
| chaud (modérément) | ılık | [ılık] |

| il fait froid | hava soğuk | [hava souk] |
| froid (adj) | soğuk | [souk] |

soleil (m)	güneş	[gynæʃ]
briller (soleil)	ışık vermek	[ıʃık værmæk]
ensoleillé (jour ~)	güneşli	[gynæʃli]
se lever (vp)	doğmak	[do:mak]
se coucher (vp)	batmak	[batmak]
nuage (m)	bulut	[bulut]
nuageux (adj)	bulutlu	[bulutlu]
nuée (f)	yağmur bulutu	[ja:mur bulutu]
sombre (adj)	kapalı	[kapalı]

pluie (f)	yağmur	[ja:mur]
il pleut	yağmur yağıyor	[ja:mur jaıjor]
pluvieux (adj)	yağmurlu	[ja:murlu]
bruiner (v imp)	çiselemek	[tʃisælæmæk]

pluie (f) torrentielle	sağanak	[sa:nak]
averse (f)	şiddetli yağmur	[ʃiddætli ja:mur]
forte (la pluie ~)	şiddetli, zorlu	[ʃiddætli], [zorlu]
flaque (f)	su birikintisi	[su birikintisi]
se faire mouiller	ıslanmak	[ıslanmak]

brouillard (m)	sis, duman	[sis], [duman]
brumeux (adj)	sisli	[sisli]
neige (f)	kar	[kar]
il neige	kar yağıyor	[kar jaıjor]

86. Les intempéries. Les catastrophes naturelles

| orage (m) | fırtına | [fırtına] |
| éclair (m) | şimşek | [ʃimʃæk] |

éclater (foudre)	çakmak	[tʃakmak]
tonnerre (m)	gök gürültüsü	[gøk gyryltysy]
gronder (tonnerre)	gürlemek	[gyrlæmæk]
le tonnerre gronde	gök gürlüyor	[gøk gyrlyjor]

| grêle (f) | dolu | [dolu] |
| il grêle | dolu yağıyor | [dolu jaɪjor] |

| inonder (vt) | su basmak | [su basmak] |
| inondation (f) | taşkın | [taʃkın] |

tremblement (m) de terre	deprem	[dæpræm]
secousse (f)	sarsıntı	[sarsıntı]
épicentre (m)	deprem merkezi	[dæpræm mærkæzi]

| éruption (f) | püskürme | [pyskyrmæ] |
| lave (f) | lav | [lav] |

tourbillon (m)	hortum	[hortum]
tornade (f)	kasırga	[kasırga]
typhon (m)	tayfun	[tajfun]

ouragan (m)	kasırga	[kasırga]
tempête (f)	fırtına	[fırtına]
tsunami (m)	tsunami	[tsunami]

cyclone (m)	siklon	[siklon]
intempéries (f pl)	kötü hava	[køty hava]
incendie (m)	yangın	[jaŋın]
catastrophe (f)	felaket	[fæʎakæt]
météorite (m)	göktaşı	[gøktaʃı]

avalanche (f)	çığ	[tʃıː]
éboulement (m)	çığ	[tʃıː]
blizzard (m)	tipi	[tipi]
tempête (f) de neige	kar fırtınası	[kar fırtınası]

LA FAUNE

87. Les mammifères. Les prédateurs
88. Les animaux sauvages
89. Les animaux domestiques
90. Les oiseaux
91. Les poissons. Les animaux marins
92. Les amphibiens. Les reptiles
93. Les insectes

T&P Books Publishing

prédateur (m)	yırtıcı hayvan	[jɪrtɪdʒɪ hajvan]
tigre (m)	kaplan	[kaplan]
lion (m)	aslan	[aslan]
loup (m)	kurt	[kurt]
renard (m)	tilki	[tiʌki]

jaguar (m)	jagar, jaguar	[ʒagar]
léopard (m)	leopar	[læopar]
guépard (m)	çita	[ʧita]

panthère (f)	panter	[pantær]
puma (m)	puma	[puma]
léopard (m) de neiges	kar leoparı	[kar læoparı]
lynx (m)	vaşak	[vaʃak]

coyote (m)	kır kurdu	[kır kurdu]
chacal (m)	çakal	[ʧakal]
hyène (f)	sırtlan	[sırtlan]

| animal (m) | hayvan | [hajvan] |
| bête (f) | vahşi hayvan | [vahʃi hajvan] |

écureuil (m)	sincap	[sindʒap]
hérisson (m)	kirpi	[kirpi]
lièvre (m)	yabani tavşan	[jabani tavʃan]
lapin (m)	tavşan	[tavʃan]

blaireau (m)	porsuk	[porsuk]
raton (m)	rakun	[rakun]
hamster (m)	cırlak sıçan	[dʒirlak sıʧan]
marmotte (f)	dağ sıçanı	[da: sıʧanı]

taupe (f)	köstebek	[køstæbæk]
souris (f)	fare	[faræ]
rat (m)	sıçan	[sıʧan]
chauve-souris (f)	yarasa	[jarasa]

hermine (f)	kakım	[kakım]
zibeline (f)	samur	[samur]
martre (f)	ağaç sansarı	[a:ʧ sansarı]

belette (f)	gelincik	[gælindʒik]
vison (m)	vizon	[vizon]
castor (m)	kunduz	[kunduz]
loutre (f)	su samuru	[su samuru]
cheval (m)	at	[at]
élan (m)	Avrupa musu	[avrupa musu]
cerf (m)	geyik	[gæjɪk]
chameau (m)	deve	[dævæ]
bison (m)	bizon	[bizon]
aurochs (m)	Avrupa bizonu	[avrupa bizonu]
buffle (m)	manda	[manda]
zèbre (m)	zebra	[zæbra]
antilope (f)	antilop	[antilop]
chevreuil (m)	karaca	[karadʒa]
biche (f)	alageyik	[alagæjɪk]
chamois (m)	dağ keçisi	[da: kætʃisi]
sanglier (m)	yaban domuzu	[jaban domuzu]
baleine (f)	balina	[balina]
phoque (m)	fok	[fok]
morse (m)	mors	[mors]
ours (m) de mer	kürklü fok balığı	[kyrkly fok balı:]
dauphin (m)	yunus	[junus]
ours (m)	ayı	[ajı]
ours (m) blanc	beyaz ayı	[bæjaz ajı]
panda (m)	panda	[panda]
singe (m)	maymun	[majmun]
chimpanzé (m)	şempanze	[ʃæmpanzæ]
orang-outang (m)	orangutan	[oraŋutan]
gorille (m)	goril	[goriʎ]
macaque (m)	makak	[makak]
gibbon (m)	jibon	[ʒibon]
éléphant (m)	fil	[fiʎ]
rhinocéros (m)	gergedan	[gærgædan]
girafe (f)	zürafa	[zyrafa]
hippopotame (m)	su aygırı	[su ajgırı]
kangourou (m)	kanguru	[kaŋuru]
koala (m)	koala	[koala]
mangouste (f)	firavunfaresi	[fıravunfaræsi]
chinchilla (m)	şinşilla	[ʃinʃilla]
mouffette (f)	kokarca	[kokardʒa]
porc-épic (m)	oklukirpi	[oklukirpi]

89. Les animaux domestiques

chat (m) (femelle)	kedi	[kædi]
chat (m) (mâle)	erkek kedi	[ærkæk kædi]
cheval (m)	at	[at]
étalon (m)	aygır	[ajgır]
jument (f)	kısrak	[kısrak]
vache (f)	inek	[inæk]
taureau (m)	boğa	[boa]
bœuf (m)	öküz	[økyz]
brebis (f)	koyun	[kojun]
mouton (m)	koç	[kotʃ]
chèvre (f)	keçi	[kætʃi]
bouc (m)	teke	[tækæ]
âne (m)	eşek	[æʃæk]
mulet (m)	katır	[katır]
cochon (m)	domuz	[domuz]
pourceau (m)	domuz yavrusu	[domuz javrusu]
lapin (m)	tavşan	[tavʃan]
poule (f)	tavuk	[tavuk]
coq (m)	horoz	[horoz]
canard (m)	ördek	[ørdæk]
canard (m) mâle	suna	[suna]
oie (f)	kaz	[kaz]
dindon (m)	erkek hindi	[ærkæk hindi]
dinde (f)	dişi hindi	[diʃi hindi]
animaux (m pl) domestiques	evcil hayvanlar	[ævdʒiʎ hajvanlar]
apprivoisé (adj)	evcil	[ævdʒiʎ]
apprivoiser (vt)	evcilleştirmek	[ævdʒillæʃtirmæk]
élever (vt)	yetiştirmek	[jætiʃtirmæk]
fermo (f)	çiftlik	[tʃiftlik]
volaille (f)	kümse hayvanları	[kymsæ hajvanları]
bétail (m)	çiftlik hayvanları	[tʃiftlik hajvanları]
troupeau (m)	sürü	[syry]
écurie (f)	ahır	[ahır]
porcherie (f)	domuz ahırı	[domuz ahırı]
vacherie (f)	inek ahırı	[inæk ahırı]
cabane (f) à lapins	tavşan kafesi	[tavʃan kafesi]
poulailler (m)	tavuk kümesi	[tavuk kymæsi]

90. Les oiseaux

oiseau (m)	kuş	[kuʃ]
pigeon (m)	güvercin	[gyværdʒin]
moineau (m)	serçe	[særtʃæ]
mésange (f)	baştankara	[baʃtaŋkara]
pie (f)	saksağan	[saksa:n]
corbeau (m)	kara karga, kuzgun	[kara karga], [kuzgun]
corneille (f)	karga	[karga]
choucas (m)	küçük karga	[kytʃuk karga]
freux (m)	ekin kargası	[ækin kargası]
canard (m)	ördek	[ørdæk]
oie (f)	kaz	[kaz]
faisan (m)	sülün	[sylyn]
aigle (m)	kartal	[kartal]
épervier (m)	atmaca	[atmadʒa]
faucon (m)	doğan	[doan]
vautour (m)	akbaba	[akbaba]
condor (m)	kondor	[kondor]
cygne (m)	kuğu	[ku:]
grue (f)	turna	[turna]
cigogne (f)	leylek	[læjlæk]
perroquet (m)	papağan	[papa:n]
colibri (m)	sinekkuşu	[sinæk kuʃu]
paon (m)	tavus	[tavus]
autruche (f)	deve kuşu	[dævæ kuʃu]
héron (m)	balıkçıl	[balıktʃil]
flamant (m)	flamingo	[flamiŋo]
pélican (m)	pelikan	[pælikan]
rossignol (m)	bülbül	[byʎbyʎ]
hirondelle (f)	kırlangıç	[kırlaŋıtʃ]
merle (m)	ardıç kuşu	[ardıtʃ kuʃu]
grive (f)	öter ardıç kuşu	[øtær ardıtʃ kuʃu]
merle (m) noir	karatavuk	[kara tavuk]
martinet (m)	sağan	[sa:n]
alouette (f) des champs	toygar	[tojgar]
caille (f)	bıldırcın	[bıldırdʒın]
pivert (m)	ağaçkakan	[a:tʃkakan]
coucou (m)	guguk	[guguk]
chouette (f)	baykuş	[bajkuʃ]
hibou (m)	puhu kuşu	[puhu kuʃu]

tétras (m)	çalıhorozu	[ʧalı horozu]
tétras-lyre (m)	kayın tavuğu	[kajın tavu:]
perdrix (f)	keklik	[kæklik]

étourneau (m)	sığırcık	[sıjırʤık]
canari (m)	kanarya	[kanarja]
gélinotte (f) des bois	çil	[ʧiʎ]
pinson (m)	ispinoz	[ispinoz]
bouvreuil (m)	şakrak kuşu	[ʃakrak kuʃu]

mouette (f)	martı	[martı]
albatros (m)	albatros	[aʎbatros]
pingouin (m)	penguen	[pæŋuæn]

91. Les poissons. Les animaux marins

brème (f)	çapak balığı	[ʧapak balı:]
carpe (f)	sazan	[sazan]
perche (f)	tatlı su levreği	[tatlı su lævræi]
silure (m)	yayın	[jajın]
brochet (m)	turna balığı	[turna balı:]

saumon (m)	som balığı	[som balı:]
esturgeon (m)	mersin balığı	[mærsin balı:]

hareng (m)	ringa	[riŋa]
saumon (m) atlantique	som, somon	[som], [somon]
maquereau (m)	uskumru	[uskumru]
flet (m)	kalkan	[kalkan]

sandre (f)	uzunlevrek	[uzunlævræk]
morue (f)	morina balığı	[morina balı:]
thon (m)	ton balığı	[ton balı:]
truite (f)	alabalık	[alabalık]

anguille (f)	yılan balığı	[jılan balı:]
torpille (f)	torpilbalığı	[torpil balı:]
murène (f)	murana	[murana]
piranha (m)	pirana	[pirana]

requin (m)	köpek balığı	[køpæk balı:]
dauphin (m)	yunus	[junus]
baleine (f)	balina	[balina]

crabe (m)	yengeç	[jæŋæʧ]
méduse (f)	denizanası	[dæniz anası]
pieuvre (f), poulpe (m)	ahtapot	[ahtapot]

étoile (f) de mer	deniz yıldızı	[dæniz jıldızı]
oursin (m)	deniz kirpisi	[dæniz kirpisi]

hippocampe (m)	denizatı	[dænizatı]
huître (f)	istiridye	[istirid'æ]
crevette (f)	karides	[karidæs]
homard (m)	ıstakoz	[ıstakoz]
langoustine (f)	langust	[laŋust]

92. Les amphibiens. Les reptiles

serpent (m)	yılan	[jılan]
venimeux (adj)	zehirli	[zæhirli]
vipère (f)	engerek	[æŋiræk]
cobra (m)	kobra	[kobra]
python (m)	piton	[piton]
boa (m)	boa yılanı	[boa jılanı]
couleuvre (f)	çayır yılanı	[ʧajır jılanı]
serpent (m) à sonnettes	çıngıraklı yılan	[ʧırgıraklı jılan]
anaconda (m)	anakonda	[anakonda]
lézard (m)	kertenkele	[kærtæŋkælæ]
iguane (m)	iguana	[iguana]
varan (m)	varan	[varan]
salamandre (f)	salamandra	[salamandra]
caméléon (m)	bukalemun	[bukalæmun]
scorpion (m)	akrep	[akræp]
tortue (f)	kaplumbağa	[kaplumba:]
grenouille (f)	kurbağa	[kurba:]
crapaud (m)	kara kurbağa	[kara kurba:]
crocodile (m)	timsah	[timsah]

93. Les insectes

insecte (m)	böcek, haşere	[bøʤæk], [haʃæræ]
papillon (m)	kelebek	[kælæbæk]
fourmi (f)	karınca	[karınʤa]
mouche (f)	sinek	[sinæk]
moustique (m)	sivri sinek	[sivri sinæk]
scarabée (m)	böcek	[bøʤæk]
guêpe (f)	eşek arısı	[æʃæk arısı]
abeille (f)	arı	[arı]
bourdon (m)	toprak yabanarısı	[toprak jabanarası]
œstre (m)	at sineği	[at sinæi]
araignée (f)	örümcek	[ørymʤæk]
toile (f) d'araignée	örümcek ağı	[ørymʤæk aı]

libellule (f)	**kız böceği**	[kız bødʒæi]
sauterelle (f)	**çekirge**	[ʧækirgæ]
papillon (m)	**pervane**	[pærvanæ]

cafard (m)	**hamam böceği**	[hamam bødʒæi]
tique (f)	**kene, sakırga**	[kænæ], [sakırga]
puce (f)	**pire**	[piræ]
moucheron (m)	**tatarcık**	[tatardʒık]

criquet (m)	**çekirge**	[ʧækirgæ]
escargot (m)	**sümüklü böcek**	[symykly bødʒæk]
grillon (m)	**cırcırböceği**	[dʒırdʒır bødʒæi]
luciole (f)	**ateş böceği**	[atæʃ bødʒæi]
coccinelle (f)	**uğur böceği**	[u:r bødʒæi]
hanneton (m)	**mayıs böceği**	[majıs bødʒæi]

sangsue (f)	**sülük**	[sylyk]
chenille (f)	**tırtıl**	[tırtıl]
ver (m)	**solucan**	[soludʒan]
larve (f)	**kurtçuk**	[kurtʃuk]

LA FLORE

94. Les arbres
95. Les arbustes
96. Les fruits. Les baies
97. Les fleurs. Les plantes
98. Les céréales

T&P Books Publishing

arbre (m)	ağaç	[a:tʃ]
à feuilles caduques	geniş yapraklı	[gæniʃ japraklı]
conifère (adj)	iğne yapraklı	[i:næ japraklı]
à feuilles persistantes	her dem taze	[hær dæm tazæ]
pommier (m)	elma ağacı	[æʌma a:dʒı]
poirier (m)	armut ağacı	[armut a:dʒı]
merisier (m)	kiraz ağacı	[kiraz a:dʒı]
cerisier (m)	vişne ağacı	[viʃnæ a:dʒı]
prunier (m)	erik ağacı	[ærik a:dʒı]
bouleau (m)	huş ağacı	[huʃ a:dʒı]
chêne (m)	meşe	[mæʃæ]
tilleul (m)	ıhlamur	[ıhlamur]
tremble (m)	titrek kavak	[titræk kavak]
érable (m)	akça ağaç	[aktʃa a:tʃ]
épicéa (m)	ladin ağacı	[ladin a:dʒı]
pin (m)	çam ağacı	[tʃam a:dʒı]
mélèze (m)	melez ağacı	[mælæz a:dʒı]
sapin (m)	köknar	[køknar]
cèdre (m)	sedir	[sædir]
peuplier (m)	kavak	[kavak]
sorbier (m)	üvez ağacı	[juvæz a:dʒı]
saule (m)	söğüt	[søjut]
aune (m)	kızılağaç	[kızıla:tʃ]
hêtre (m)	kayın	[kajın]
orme (m)	karaağaç	[kara a:tʃ]
frêne (m)	dişbudak ağacı	[diʃbudak a:dʒı]
marronnier (m)	kestane	[kæstanæ]
magnolia (m)	manolya	[manoʌja]
palmier (m)	palmiye	[paʌmijæ]
cyprès (m)	servi	[særvi]
baobab (m)	baobab ağacı	[baobab a:dʒı]
eucalyptus (m)	okaliptüs	[okaliptys]
séquoia (m)	sekoya	[sækoja]

95. Les arbustes

buisson (m)	çalı	[ʧalı]
arbrisseau (m)	çalılık	[ʧalılık]
vigne (f)	üzüm	[juzym]
vigne (f) (vignoble)	bağ	[ba:]
framboise (f)	ahududu	[ahududu]
groseille (f) rouge	kırmızı frenk üzümü	[kırmızı fræŋk juzymy]
groseille (f) verte	bektaşi üzümü	[bæktaʃi juzymy]
acacia (m)	akasya	[akasja]
berbéris (m)	diken üzümü	[dikæn juzymy]
jasmin (m)	yasemin	[jasæmin]
genévrier (m)	ardıç	[ardıʧ]
rosier (m)	gül ağacı	[gyʌ a:ʤı]
églantier (m)	yaban gülü	[jaban gyly]

96. Les fruits. Les baies

fruit (m)	meyve	[mæjvæ]
fruits (m pl)	meyveler	[mæjvælær]
pomme (f)	elma	[æʌma]
poire (f)	armut	[armut]
prune (f)	erik	[ærik]
fraise (f)	çilek	[ʧilæk]
cerise (f)	vişne	[viʃnæ]
merise (f)	kiraz	[kiraz]
raisin (m)	üzüm	[juzym]
framboise (f)	ahududu	[ahududu]
cassis (m)	siyah frenküzümü	[sijah fræŋkjuzymy]
groseille (f) rouge	kırmızı frenk üzümü	[kırmızı fræŋk juzymy]
groseille (f) verte	bektaşi üzümü	[bæktaʃi juzymy]
canneberge (f)	kızılcık	[kızılʤık]
orange (f)	portakal	[portakal]
mandarine (f)	mandalina	[mandalina]
ananas (m)	ananas	[ananas]
banane (f)	muz	[muz]
datte (f)	hurma	[hurma]
citron (m)	limon	[limon]
abricot (m)	kayısı	[kajısı]
pêche (f)	şeftali	[ʃæftali]
kiwi (m)	kivi	[kivi]

pamplemousse (m)	greypfrut	[græjpfrut]
baie (f)	meyve, yemiş	[mæjvæ], [jæmiʃ]
baies (f pl)	yemişler	[jæmiʃler]
airelle (f) rouge	kırmızı yabanmersini	[kırmızı jaban mærsini]
fraise (f) des bois	yabani çilek	[jabani tʃilæk]
myrtille (f)	yaban mersini	[jaban mærsini]

97. Les fleurs. Les plantes

fleur (f)	çiçek	[tʃitʃæk]
bouquet (m)	demet	[dæmæt]

rose (f)	gül	[gyʎ]
tulipe (f)	lale	[ʎalæ]
oeillet (m)	karanfil	[karanfiʎ]
glaïeul (m)	glayöl	[glajoʎ]

bleuet (m)	peygamber çiçeği	[pæjgambær tʃitʃæi]
campanule (f)	çançiçeği	[tʃantʃitʃæi]
dent-de-lion (f)	hindiba	[hindiba]
marguerite (f)	papatya	[papatja]

aloès (m)	sarısabır	[sarısabır]
cactus (m)	kaktüs	[kaktys]
ficus (m)	kauçuk ağacı	[kautʃuk a:dʒı]

lis (m)	zambak	[zambak]
géranium (m)	sardunya	[sardunija]
jacinthe (f)	sümbül	[symbyʎ]

mimosa (m)	mimoza	[mimoza]
jonquille (f)	nergis	[nærgis]
capucine (f)	latinçiçeği	[latin tʃitʃæi]

orchidée (f)	orkide	[orkidæ]
pivoine (f)	şakayık	[ʃakajık]
violette (f)	menekşe	[mænækʃæ]

pensée (f)	hercai menekşe	[hærdʒai mænækʃæ]
myosotis (m)	unutmaboni	[unutmabəni]
pâquerette (f)	papatya	[papatja]

coquelicot (m)	haşhaş	[haʃhaʃ]
chanvre (m)	kendir	[kændir]
menthe (f)	nane	[nanæ]

muguet (m)	inci çiçeği	[indʒi tʃitʃæi]
perce-neige (f)	kardelen	[kardælæn]
ortie (f)	ısırgan otu	[ısırgan otu]
oseille (f)	kuzukulağı	[kuzukulaı]

nénuphar (m)	beyaz nilüfer	[bæjaz nilyfær]
fougère (f)	eğreltiotu	[ægræltiotu]
lichen (m)	liken	[likæn]

serre (f) tropicale	limonluk	[limonlyk]
gazon (m)	çimen	[ʧimæn]
parterre (m) de fleurs	çiçek tarhı	[ʧiʧæk tarhı]

plante (f)	bitki	[bitki]
herbe (f)	ot	[ot]
brin (m) d'herbe	ot çöpü	[ot ʧopy]

feuille (f)	yaprak	[japrak]
pétale (m)	taçyaprağı	[tatʃjapraı]
tige (f)	sap	[sap]
tubercule (m)	yumru	[jumru]

| pousse (f) | filiz | [filiz] |
| épine (f) | diken | [dikæn] |

fleurir (vi)	çiçeklenmek	[ʧiʧæklænmæk]
se faner (vp)	solmak	[solmak]
odeur (f)	koku	[koku]
couper (vt)	kesmek	[kæsmæk]
cueillir (fleurs)	koparmak	[koparmak]

98. Les céréales

grains (m pl)	tahıl, tane	[tahıl], [tanæ]
céréales (f pl) (plantes)	tahıllar	[tahıllar]
épi (m)	başak	[baʃak]

blé (m)	buğday	[bu:daj]
seigle (m)	çavdar	[ʧavdar]
avoine (f)	yulaf	[julaf]
millet (m)	darı	[darı]
orge (f)	arpa	[arpa]

maïs (m)	mısır	[mısır]
riz (m)	pirinç	[pirinʧ]
sarrasin (m)	karabuğday	[karabu:daj]

pois (m)	bezelye	[bæzæʎæ]
haricot (m)	fasulye	[fasuʎæ]
soja (m)	soya	[soja]
lentille (f)	mercimek	[mærdʒimæk]
fèves (f pl)	bakla	[bakla]

T&P BOOKS

LES PAYS DU MONDE

99. Les pays du monde. Partie 1
100. Les pays du monde. Partie 2
101. Les pays du monde. Partie 3

T&P Books Publishing

Afghanistan (m)	**Afganistan**	[afganistan]
Albanie (f)	**Arnavutluk**	[arnavutluk]
Allemagne (f)	**Almanya**	[almaɲja]
Angleterre (f)	**İngiltere**	[iɲiʎtæræ]
Arabie (f) Saoudite	**Suudi Arabistan**	[su:di arabistan]
Argentine (f)	**Arjantin**	[arʒantin]
Arménie (f)	**Ermenistan**	[ærmænistan]
Australie (f)	**Avustralya**	[avustraʎja]
Autriche (f)	**Avusturya**	[avusturja]
Azerbaïdjan (m)	**Azerbaycan**	[azærbajdʒan]
Bahamas (f pl)	**Bahama adaları**	[bahama adaları]
Bangladesh (m)	**Bangladeş**	[baŋladæʃ]
Belgique (f)	**Belçika**	[bæʎʧika]
Biélorussie (f)	**Beyaz Rusya**	[bæjaz rusja]
Bolivie (f)	**Bolivya**	[bolivja]
Bosnie (f)	**Bosna-Hersek**	[bosna hærtsæk]
Brésil (m)	**Brezilya**	[bræziʎja]
Bulgarie (f)	**Bulgaristan**	[bulgaristan]
Cambodge (m)	**Kamboçya**	[kambotʃja]
Canada (m)	**Kanada**	[kanada]
Chili (m)	**Şili**	[ʃili]
Chine (f)	**Çin**	[ʧin]
Chypre (m)	**Kıbrıs**	[kıbrıs]
Colombie (f)	**Kolombiya**	[kolombija]
Corée (f) du Nord	**Kuzey Kore**	[kuzæj koræ]
Corée (f) du Sud	**Güney Kore**	[gynæj koræ]
Croatie (f)	**Hırvatistan**	[hırvatistan]
Cuba (f)	**Küba**	[kyba]
Danemark (m)	**Danimarka**	[danimarka]
Écosse (f)	**İskoçya**	[iskotʃja]
Égypte (f)	**Mısır**	[mısır]
Équateur (m)	**Ekvator**	[ækvator]
Espagne (f)	**İspanya**	[ispaɲja]
Estonie (f)	**Estonya**	[æstoɲja]
Les États Unis	**Amerika Birleşik Devletleri**	[amærika birlæʃik dævlætlæri]
Fédération (f) des Émirats Arabes Unis	**Birleşik Arap Emirlikleri**	[birlæʃik arap æmirliklæri]
Finlande (f)	**Finlandiya**	[finʎandja]
France (f)	**Fransa**	[fransa]

Géorgie (f)	**Gürcistan**	[gyrdʒistan]
Ghana (m)	**Gana**	[gana]
Grande-Bretagne (f)	**Büyük Britanya**	[byjuk britaɲja]
Grèce (f)	**Yunanistan**	[junanistan]

100. Les pays du monde. Partie 2

Haïti (m)	**Haiti**	[haiti]
Hongrie (f)	**Macaristan**	[madʒaristan]
Inde (f)	**Hindistan**	[hindistan]
Indonésie (f)	**Endonezya**	[ændonæzja]
Iran (m)	**İran**	[iran]
Iraq (m)	**Irak**	[ɪrak]
Irlande (f)	**İrlanda**	[irlanda]
Islande (f)	**İzlanda**	[izlanda]
Israël (m)	**İsrail**	[israiʎ]
Italie (f)	**İtalya**	[itaʎja]
Jamaïque (f)	**Jamaika**	[ʒamajka]
Japon (m)	**Japonya**	[ʒapoɲja]
Jordanie (f)	**Ürdün**	[urdyn]
Kazakhstan (m)	**Kazakistan**	[kazakistan]
Kenya (m)	**Kenya**	[kæɲja]
Kirghizistan (m)	**Kırgızistan**	[kɪrgɪzistan]
Koweït (m)	**Kuveyt**	[kuvæjt]
Laos (m)	**Laos**	[laos]
Lettonie (f)	**Letonya**	[lætoɲja]
Liban (m)	**Lübnan**	[lybnan]
Libye (f)	**Libya**	[libja]
Liechtenstein (m)	**Lihtenştayn**	[lihtænʃtajn]
Lituanie (f)	**Litvanya**	[litvaɲja]
Luxembourg (m)	**Lüksemburg**	[lyksæmburg]
Macédoine (f)	**Makedonya**	[makædoɲja]
Madagascar (f)	**Madagaskar**	[madagaskar]
Malaisie (f)	**Malezya**	[malæzja]
Malte (f)	**Malta**	[maʎta]
Maroc (m)	**Fas**	[fas]
Mexique (m)	**Meksika**	[mæksika]
Moldavie (f)	**Moldova**	[moldova]
Monaco (m)	**Monako**	[monako]
Mongolie (f)	**Moğolistan**	[mo:listan]
Monténégro (m)	**Karadağ**	[karada:]
Myanmar (m)	**Myanmar**	[mjanmar]
Namibie (f)	**Namibya**	[namibja]
Népal (m)	**Nepal**	[næpal]
Norvège (f)	**Norveç**	[norvætʃ]

| Nouvelle Zélande (f) | Yeni Zelanda | [jæni zælanda] |
| Ouzbékistan (m) | Özbekistan | [øzbækistan] |

101. Les pays du monde. Partie 3

Pakistan (m)	Pakistan	[pakistan]
Panamá (m)	Panama	[panama]
Paraguay (m)	Paraguay	[paraguaj]
Pays-Bas (m)	Hollanda	[hollanda]

Pérou (m)	Peru	[pæru]
Pologne (f)	Polonya	[poloɲja]
Polynésie (f) Française	Fransız Polinezisi	[fransız polinæzisi]
Portugal (m)	Portekiz	[portækiz]

République (f) Dominicaine	Dominik Cumhuriyeti	[dominik dʒumhurijæti]
République (f) Sud-africaine	Güney Afrika Cumhuriyeti	[gynæj afrika dʒumhurijæti]
République (f) Tchèque	Çek Cumhuriyeti	[tʃæk dʒumhurijæti]
Roumanie (f)	Romanya	[romaɲja]
Russie (f)	Rusya	[rusja]

Sénégal (m)	Senegal	[sænægal]
Serbie (f)	Sırbistan	[sırbistan]
Slovaquie (f)	Slovakya	[slovakja]
Slovénie (f)	Slovenya	[slovæɲja]
Suède (f)	İsveç	[isvætʃ]
Suisse (f)	İsviçre	[isvitʃræ]
Surinam (m)	Surinam	[surinam]
Syrie (f)	Suriye	[surijæ]

Tadjikistan (m)	Tacikistan	[tadʒikistan]
Taïwan (m)	Tayvan	[tajvan]
Tanzanie (f)	Tanzanya	[tanzaɲja]
Tasmanie (f)	Tazmanya	[tazmanija]
Thaïlande (f)	Tayland	[tailand]
Tunisie (f)	Tunus	[tunus]
Turkménistan (m)	Türkmenistan	[tyrkmænistan]
Turquie (f)	Türkiye	[tyrkijæ]

Ukraine (f)	Ukrayna	[ukrajna]
Uruguay (m)	Uruguay	[urugvaj]
Vatican (m)	Vatikan	[vatikan]
Venezuela (f)	Venezuela	[vænæzuæla]
Vietnam (m)	Vietnam	[vʲætnam]
Zanzibar (m)	Zanzibar	[zanzibar]

GLOSSAIRE
GASTRONOMIQUE

Cette section contient
beaucoup de mots associés
à la nourriture. Ce dictionnaire
vous facilitera la tâche
de comprendre le menu
et de commander le bon plat
au restaurant

T&P Books Publishing

épi (m)	başak	[baʃak]
épice (f)	baharat	[baharat]
épinard (m)	ıspanak	[ıspanak]
œuf (m)	yumurta	[jumurta]
abricot (m)	kayısı	[kajısı]
addition (f)	hesap	[hæsap]
ail (m)	sarımsak	[sarımsak]
airelle (f) rouge	kırmızı yabanmersini	[kırmızı jaban mærsini]
amande (f)	badem	[badæm]
amanite (f) tue-mouches	sinek mantarı	[sinæk mantarı]
amer (adj)	acı	[adʒı]
ananas (m)	ananas	[ananas]
anguille (f)	yılan balığı	[jılan balı:]
anis (m)	anason	[anason]
apéritif (m)	aperatif	[apæratif]
appétit (m)	iştah	[iʃtah]
arrière-goût (m)	ağızda kalan tat	[aızda kalan tat]
artichaut (m)	enginar	[ænjinar]
asperge (f)	kuşkonmaz	[kuʃkonmaz]
assiette (f)	tabak	[tabak]
aubergine (f)	patlıcan	[patlıdʒan]
avec de la glace	buzlu	[buzlu]
avocat (m)	avokado	[avokado]
avoine (f)	yulaf	[julaf]
bacon (m)	domuz pastırması	[domuz pastırması]
baie (f)	meyve, yemiş	[mæjvæ], [jæmiʃ]
baies (f pl)	yemişler	[jæmiʃler]
banane (f)	muz	[muz]
bar (m)	bar	[bar]
barman (m)	barmen	[barmæn]
basilic (m)	fesleğen	[fæslæ:n]
betterave (f)	pancar	[pandʒar]
beurre (m)	tereyağı	[tæræjaı]
bièro (f)	bira	[bira]
bière (f) blonde	hafif bira	[hafif bira]
bière (f) brune	siyah bira	[sijah bira]
biscuit (m)	bisküvi	[biskyvi]
blé (m)	buğday	[bu:daj]
blanc (m) d'œuf	yumurta akı	[jumurta akı]
boisson (f) non alcoolisée	alkolsüz içki	[alkoʎsyz itʃki]
boissons (f pl) alcoolisées	alkollü içkiler	[alkolly itʃkilær]
bolet (m) bai	ak ağaç mantarı	[ak a:tʃ mantarı]

bolet (m) orangé	kavak mantarı	[kavak mantarı]
bon (adj)	tatlı, lezzetli	[tatlı], [læzzætlı]
Bon appétit!	Afiyet olsun!	[afijæt olsun]
bonbon (m)	şeker	[ʃækær]
bouillie (f)	lâpa	[ʎapa]
bouillon (m)	et suyu	[æt suju]
boulette (f)	köfte	[køftæ]
brème (f)	çapak balığı	[tʃapak balı:]
brochet (m)	turna balığı	[turna balı:]
brocoli (m)	brokoli	[brokoli]
cèpe (m)	bir mantar türü	[bir mantar tyry]
céleri (m)	kereviz	[kæræviz]
céréales (f pl)	tahıllar	[tahıllar]
cacahuète (f)	yerfıstığı	[jærfıstı:]
café (m)	kahve	[kahvæ]
café (m) au lait	sütlü kahve	[sytly kahvæ]
café (m) noir	siyah kahve	[sijah kahvæ]
café (m) soluble	hazır kahve	[hazır kahvæ]
calamar (m)	kalamar	[kalamar]
calorie (f)	kalori	[kalori]
canard (m)	ördek	[ørdæk]
canneberge (f)	kızılcık	[kızıldʒık]
cannelle (f)	tarçın	[tarʧın]
cappuccino (m)	kaymaklı kahve	[kajmaklı kahvæ]
carotte (f)	havuç	[havuʧ]
carpe (f)	sazan	[sazan]
carte (f)	menü	[mæny]
carte (f) des vins	şarap listesi	[ʃarap listæsi]
cassis (m)	siyah frenk üzümü	[sijah fræŋk juzymy]
caviar (m)	havyar	[havjar]
cerise (f)	vişne	[viʃnæ]
champagne (m)	şampanya	[ʃampaŋja]
champignon (m)	mantar	[mantar]
champignon (m) comestible	yenir mantar	[jænir mantar]
champignon (m) vénéneux	zehirli mantar	[zæhirli mantar]
chaud (adj)	sıcak	[sıdʒak]
chocolat (m)	çikolata	[tʃikolata]
chou (m)	lahana	[ʎahana]
chou (m) de Bruxelles	Brüksel lâhanası	[bryksæʎ ʎahanası]
chou-fleur (m)	karnabahar	[karnabahar]
citron (m)	limon	[limon]
clou (m) de girofle	karanfil	[karanfiʎ]
cocktail (m)	kokteyl	[koktæjʎ]
cocktail (m) au lait	sütlü kokteyl	[sytly koktæjʎ]
cognac (m)	konyak	[koɲjak]
concombre (m)	salatalık	[salatalık]
condiment (m)	çeşni	[tʃæʃni]
confiserie (f)	şekerleme	[ʃækærlæmæ]
confiture (f)	reçel, marmelat	[ræʧæʎ], [marmælat]
confiture (f)	reçel	[ræʧæʎ]

congelé (adj)	dondurulmuş	[dondurulmuʃ]
conserves (f pl)	konserve	[konsærvæ]
coriandre (m)	kişniş	[kiʃniʃ]
courgette (f)	sakız kabağı	[sakız kabaı]
couteau (m)	bıçak	[bıtʃak]
crème (f)	süt kaymağı	[syt kajmaı]
crème (f) aigre	ekşi krema	[ækʃi kræma]
crème (f) au beurre	krema	[kræma]
crabe (m)	yengeç	[jæŋætʃ]
crevette (f)	karides	[karidæs]
cuillère (f)	kaşık	[kaʃık]
cuillère (f) à soupe	yemek kaşığı	[jæmæk kaʃı:]
cuisine (f)	mutfak	[mutfak]
cuisse (f)	tütsülenmiş jambon	[tytsylænmiʃ ʒambon]
cuit à l'eau (adj)	pişmiş	[piʃmiʃ]
cumin (m)	çörek otu	[tʃoræk otu]
cure-dent (m)	kürdan	[kyrdan]
déjeuner (m)	öğle yemeği	[øjlæ jæmæi]
dîner (m)	akşam yemeği	[akʃam jæmæi]
datte (f)	hurma	[hurma]
dessert (m)	tatlı	[tatlı]
dinde (f)	hindi	[hindi]
du bœuf	sığır eti	[sı:r æti]
du mouton	koyun eti	[kojun æti]
du porc	domuz eti	[domuz æti]
du veau	dana eti	[dana æti]
eau (f)	su	[su]
eau (f) minérale	maden suyu	[madæn suju]
eau (f) potable	içme suyu	[itʃmæ suju]
en chocolat (adj)	çikolatalı	[tʃikolatalı]
esturgeon (m)	mersin balığı	[mærsin balı:]
fèves (f pl)	bakla	[bakla]
farce (f)	kıyma	[kıjma]
farine (f)	un	[un]
fenouil (m)	dereotu	[dæræotu]
feuille (f) de laurier	defne yaprağı	[dæfnæ japraı]
figue (f)	incir	[indʒir]
flétan (m)	pisi balığı	[pisi balı:]
flet (m)	kalkan	[kalkan]
foie (m)	karaciğer	[karadʒiær]
fourchette (f)	çatal	[tʃatal]
fraise (f)	çilek	[tʃilæk]
fraise (f) des bois	yabani çilek	[jabani tʃilæk]
framboise (f)	ahududu	[ahududu]
frit (adj)	kızartılmış	[kızartılmıʃ]
froid (adj)	soğuk	[souk]
fromage (m)	peynir	[pæjnir]
fruit (m)	meyve	[mæjvæ]
fruits (m pl)	meyveler	[mæjvælær]
fruits (m pl) de mer	deniz ürünleri	[dæniz jurynlæri]
fumé (adj)	tütsülenmiş, füme	[tytsylænmiʃ], [fymæ]
gâteau (m)	ufak kek	[ufak kæk]

gâteau (m)	börek	[børæk]
garniture (f)	iç	[itʃ]
garniture (f)	garnitür	[garnityr]
gaufre (f)	gofret	[gofræt]
gazeuse (adj)	gazlı	[gazlı]
gibier (m)	av hayvanları	[av hajvanları]
gin (m)	cin	[dʒin]
gingembre (m)	zencefil	[zændʒæfiʎ]
girolle (f)	horozmantarı	[horoz mantarı]
glace (f)	buz	[buz]
glace (f)	dondurma	[dondurma]
glucides (m pl)	karbonhidratlar	[karbonhidratlar]
goût (m)	tat	[tat]
gomme (f) à mâcher	sakız, çiklet	[sakız], [tʃiklæt]
grains (m pl)	tahıl, tane	[tahıl], [tanæ]
grenade (f)	nar	[nar]
groseille (f) rouge	kırmızı frenk üzümü	[kırmızı fræŋk juzymy]
groseille (f) verte	bektaşı üzümü	[bæktaʃı juzymy]
gruau (m)	tane	[tanæ]
hamburger (m)	hamburger	[hamburgær]
hareng (m)	ringa	[riŋa]
haricot (m)	fasulye	[fasuʎæ]
hors-d'œuvre (m)	çerez	[tʃæræz]
huître (f)	istiridye	[istiridʲæ]
huile (f) d'olive	zeytin yağı	[zæjtin jaı]
huile (f) de tournesol	ayçiçeği yağı	[ajtʃitʃæı jaı]
huile (f) végétale	bitkisel yağ	[bitkisæʎ ja:]
jambon (m)	jambon	[ʒambon]
jaune (m) d'œuf	yumurta sarısı	[jumurta sarısı]
jus (m)	meyve suyu	[mæjvæ suju]
jus (m) d'orange	portakal suyu	[portakal suju]
jus (m) de tomate	domates suyu	[domatæs suju]
jus (m) pressé	taze meyve suyu	[tazæ mæjvæ suju]
kiwi (m)	kivi	[kivi]
légumes (m pl)	sebze	[sæbzæ]
lait (m)	süt	[syt]
lait (m) condensé	yoğunlaştırılmış süt	[jounlaʃtırılmıʃ syt]
laitue (f), salade (f)	yeşil salata	[jæʃiʎ salata]
langoustine (f)	langust	[laŋust]
langue (f)	dil	[diʎ]
lapin (m)	tavşan eti	[tavʃan æti]
lard (m)	yağ	[ja:]
lentille (f)	mercimek	[mærdʒimæk]
les œufs	yumurtalar	[jumurtalar]
les œufs brouillés	sahanda yumurta	[sahanda jumurta]
limonade (f)	limonata	[limonata]
lipides (m pl)	yağlar	[ja:lar]
liqueur (f)	likör	[likør]
mûre (f)	böğürtlen	[bøjurtlæn]
maïs (m)	mısır	[mısır]
maïs (m)	mısır	[mısır]
mandarine (f)	mandalina	[mandalina]

mangue (f)	mango	[maŋo]
maquereau (m)	uskumru	[uskumru]
margarine (f)	margarin	[margarin]
mariné (adj)	turşu	[turʃu]
marmelade (f)	marmelat	[marmælat]
melon (m)	kavun	[kavun]
merise (f)	kiraz	[kiraz]
miel (m)	bal	[bal]
miette (f)	kırıntı	[kırıntı]
millet (m)	darı	[darı]
morceau (m)	parça	[partʃa]
morille (f)	kuzu mantarı	[kuzu mantarı]
morue (f)	morina balığı	[morina balı:]
moutarde (f)	hardal	[hardal]
myrtille (f)	yaban mersini	[jaban mærsini]
navet (m)	şalgam	[ʃalgam]
noisette (f)	fındık	[fındık]
noix (f)	ceviz	[dʒæviz]
noix (f) de coco	Hindistan cevizi	[hindistan dʒævizi]
nouilles (f pl)	erişte	[æriʃtæ]
nourriture (f)	yemek	[jæmæk]
oie (f)	kaz	[kaz]
oignon (m)	soğan	[soan]
olives (f pl)	zeytin	[zæjtin]
omelette (f)	omlet	[omlæt]
orange (f)	portakal	[portakal]
orge (f)	arpa	[arpa]
oronge (f) verte	köygöçüren mantarı	[køjgytʃuræn mantarı]
ouvre-boîte (m)	konserve açacağı	[konsærvæ atʃadʒaı]
ouvre-bouteille (m)	şişe açacağı	[ʃiʃæ atʃadʒaı]
pâté (m)	ezme	[æzmæ]
pâtes (m pl)	makarna	[makarna]
pétales (m pl) de maïs	mısır gevreği	[mısır gævræi]
pétillante (adj)	maden	[madæn]
pêche (f)	şeftali	[ʃæftali]
pain (m)	ekmek	[ækmæk]
pamplemousse (m)	greypfrut	[græjpfrut]
papaye (f)	papaya	[papaja]
paprika (m)	kırmızıbiber	[kırmızı bibær]
pastèque (f)	karpuz	[karpuz]
peau (f)	kabuk	[kabuk]
perche (f)	tatlı su levreği	[tatlı su lævræi]
persil (m)	maydanoz	[majdanoz]
petit déjeuner (m)	kahvaltı	[kahvaltı]
petite cuillère (f)	çay kaşığı	[tʃaj kaʃı:]
pistaches (f pl)	çam fıstığı	[tʃam fıstı:]
pizza (f)	pizza	[pizza]
plat (m)	yemek	[jæmæk]
plate (adj)	gazsız	[gazsız]
poire (f)	armut	[armut]
pois (m)	bezelye	[bæzæʎæ]
poisson (m)	balık	[balık]

poivre (m) noir	siyah biber	[sijah bibær]
poivre (m) rouge	kırmızı biber	[kırmızı bibær]
poivron (m)	dolma biber	[dolma bibær]
pomme (f)	elma	[æʎma]
pomme (f) de terre	patates	[patatæs]
portion (f)	porsiyon	[porsijon]
potiron (m)	kabak	[kabak]
poulet (m)	tavuk eti	[tavuk æti]
pourboire (m)	bahşiş	[bahʃiʃ]
protéines (f pl)	proteinler	[protæinlær]
prune (f)	erik	[ærik]
purée (f)	patates püresi	[patatæs pyræsi]
régime (m)	rejim, diyet	[ræʒim], [dijæt]
rôti (m)	et kızartması, rosto	[æt kızartması], [rosto]
radis (m)	turp	[turp]
rafraîchissement (m)	soğuk meşrubat	[sojuk mæʃrubat]
raifort (m)	bayırturpu	[bajırturpu]
raisin (m)	üzüm	[juzym]
raisin (m) sec	kuru üzüm	[kuru juzym]
recette (f)	yemek tarifi	[jæmæk tarifı]
requin (m)	köpek balığı	[køpæk balı:]
rhum (m)	rom	[rom]
riz (m)	pirinç	[pirintʃ]
russule (f)	çiğ yenen mantar	[tʃi: jænæn mantar]
sésame (m)	susam	[susam]
safran (m)	safran	[safran]
salé (adj)	tuzlu	[tuzlu]
salade (f)	salata	[salata]
sandre (f)	uzunlevrek	[uzunlævræk]
sandwich (m)	sandviç	[sandvitʃ]
sans alcool	alkolsüz	[alkoʎsyz]
sardine (f)	sardalye	[sardaʎæ]
sarrasin (m)	karabuğday	[karabu:daj]
sauce (f)	salça, sos	[saltʃa], [sos]
sauce (f) mayonnaise	mayonez	[majonæz]
saucisse (f)	sosis	[sosis]
saucisson (m)	sucuk, sosis	[sudʒuk], [sosis]
saumon (m)	som balığı	[som balı:]
saumon (m) atlantique	som, somon	[som], [somon]
sec (adj)	kuru	[kuru]
seigle (m)	çavdar	[tʃavdar]
sel (m)	tuz	[tuz]
serveur (m)	garson	[garson]
serveuse (f)	kadın garson	[kadın garson]
silure (m)	yayın	[jajın]
soja (m)	soya	[soja]
soucoupe (f)	fincan tabağı	[findʒan tabaı]
soupe (f)	çorba	[tʃorba]
spaghettis (m pl)	spagetti	[spagætti]
steak (m)	biftek	[biftæk]
sucré (adj)	tatlı	[tatlı]
sucre (m)	şeker	[ʃækær]

tarte (f)	kek, pasta	[kæk], [pasta]
tasse (f)	fincan	[findʒan]
thé (m)	çay	[ʧaj]
thé (m) noir	siyah çay	[sijah ʧaj]
thé (m) vert	yeşil çay	[jæʃiʎ ʧaj]
thon (m)	ton balığı	[ton balı:]
tire-bouchon (m)	tirbuşon	[tirbyʃon]
tomate (f)	domates	[domatæs]
tranche (f)	dilim	[dilim]
truite (f)	alabalık	[alabalık]
végétarien (adj)	vejetaryen	[væʤætariæn]
végétarien (m)	vejetaryen kimse	[væʤætariæn kimsæ]
verdure (f)	yeşillik	[jæʃiʎik]
vermouth (m)	vermut	[værmut]
verre (m)	bardak	[bardak]
verre (m) à vin	kadeh	[kadæ]
viande (f)	et	[æt]
vin (m)	şarap	[ʃarap]
vin (m) blanc	beyaz şarap	[bæjaz ʃarap]
vin (m) rouge	kırmızı şarap	[kırmızı ʃarap]
vinaigre (m)	sirke	[sirkæ]
vitamine (f)	vitamin	[vitamin]
vodka (f)	votka	[votka]
whisky (m)	viski	[viski]
yogourt (m)	yoğurt	[jourt]

çörek otu	[tʃoræk otu]	cumin (m)
çam fıstığı	[tʃam fıstı:]	pistaches (f pl)
çapak balığı	[tʃapak balı:]	brème (f)
çatal	[tʃatal]	fourchette (f)
çavdar	[tʃavdar]	seigle (m)
çay	[tʃaj]	thé (m)
çay kaşığı	[tʃaj kaʃı:]	petite cuillère (f)
çeşni	[tʃæʃni]	condiment (m)
çerez	[tʃæræz]	hors-d'œuvre (m)
çiğ yenen mantar	[tʃi: jænæn mantar]	russule (f)
çikolata	[tʃikolata]	chocolat (m)
çikolatalı	[tʃikolatalı]	en chocolat (adj)
çilek	[tʃilæk]	fraise (f)
çorba	[tʃorba]	soupe (f)
öğle yemeği	[øjlæ jæmæi]	déjeuner (m)
ördek	[ørdæk]	canard (m)
üzüm	[juzym]	raisin (m)
ıspanak	[ıspanak]	épinard (m)
şalgam	[ʃalgam]	navet (m)
şampanya	[ʃampaɲja]	champagne (m)
şarap	[ʃarap]	vin (m)
şarap listesi	[ʃarap listæsi]	carte (f) des vins
şeftali	[ʃæftali]	pêche (f)
şeker	[ʃækær]	sucre (m)
şeker	[ʃækær]	bonbon (m)
şekerleme	[ʃækærlæmæ]	confiserie (f)
şişe açacağı	[ʃiʃæ atʃadʒaı]	ouvre-bouteille (m)
ağızda kalan tat	[aızda kalan tat]	arrière-goût (m)
acı	[adʒı]	amer (adj)
Afiyet olsun!	[afijæt olsun]	Bon appétit!
ahududu	[ahududu]	framboise (f)
ak ağaç mantarı	[ak a:tʃ mantarı]	bolet (m) bai
akşam yemeği	[akʃam jæmæi]	dîner (m)
alabalık	[alabalık]	truite (f)
alkollü içkiler	[alkolly itʃkilær]	boissons (f pl) alcoolisées
alkolsüz	[alkoʎsyz]	sans alcool
alkolsüz içki	[alkoʎsyz itʃki]	boisson (f) non alcoolisée
ananas	[ananas]	ananas (m)
anason	[anason]	anis (m)
aperatif	[apæratif]	apéritif (m)
armut	[armut]	poire (f)
arpa	[arpa]	orge (f)

av hayvanları	[av hajvanları]	gibier (m)
avokado	[avokado]	avocat (m)
ayçiçeği yağı	[ajʧiʧæɪ jaɪ]	huile (f) de tournesol
böğürtlen	[bøjurtlæn]	mûre (f)
börek	[børæk]	gâteau (m)
bıçak	[bɪʧak]	couteau (m)
başak	[baʃak]	épi (m)
badem	[badæm]	amande (f)
bahşiş	[bahʃiʃ]	pourboire (m)
baharat	[baharat]	épice (f)
bakla	[bakla]	fèves (f pl)
bal	[bal]	miel (m)
balık	[balık]	poisson (m)
bar	[bar]	bar (m)
bardak	[bardak]	verre (m)
barmen	[barmæn]	barman (m)
bayırturpu	[bajırturpu]	raifort (m)
bektaşı üzümü	[bæktaʃi juzymy]	groseille (f) verte
beyaz şarap	[bæjaz ʃarap]	vin (m) blanc
bezelye	[bæzæʎæ]	pois (m)
biftek	[biftæk]	steak (m)
bir mantar türü	[bir mantar tyry]	cèpe (m)
bira	[bira]	bière (f)
bisküvi	[biskyvi]	biscuit (m)
bitkisel yağ	[bitkisæʎ ja:]	huile (f) végétale
Brüksel lâhanası	[bryksæʎ ʎahanası]	chou (m) de Bruxelles
brokoli	[brokoli]	brocoli (m)
buğday	[bu:daj]	blé (m)
buz	[buz]	glace (f)
buzlu	[buzlu]	avec de la glace
ceviz	[ʤæviz]	noix (f)
cin	[ʤin]	gin (m)
dana eti	[dana æti]	du veau
darı	[darı]	millet (m)
defne yaprağı	[dæfnæ japraɪ]	feuille (f) de laurier
deniz ürünleri	[dæniz jurynlæri]	fruits (m pl) de mer
dereotu	[dæræotu]	fenouil (m)
dil	[diʎ]	langue (f)
dilim	[dilim]	tranche (f)
dolma biber	[dolma bibær]	poivron (m)
domates	[domatæs]	tomate (f)
domates suyu	[domatæs suju]	jus (m) de tomate
domuz eti	[domuz æti]	du porc
domuz pastırması	[domuz pastırması]	bacon (m)
dondurma	[dondurma]	glace (f)
dondurulmuş	[dondurulmuʃ]	congelé (adj)
ekşi krema	[ækʃi kræma]	crème (f) aigre
ekmek	[ækmæk]	pain (m)
elma	[æʎma]	pomme (f)
enginar	[æŋinar]	artichaut (m)
erişte	[æriʃtæ]	nouilles (f pl)
erik	[ærik]	prune (f)

et	[æt]	viande (f)
et kızartması, rosto	[æt kızartması], [rosto]	rôti (m)
et suyu	[æt suju]	bouillon (m)
ezme	[æzmæ]	pâté (m)
fındık	[fındık]	noisette (f)
fasulye	[fasuʎæ]	haricot (m)
fesleğen	[fæslæ:n]	basilic (m)
fincan	[findʒan]	tasse (f)
fincan tabağı	[findʒan tabaı]	soucoupe (f)
garnitür	[garnityr]	garniture (f)
garson	[garson]	serveur (m)
gazlı	[gazlı]	gazeuse (adj)
gazsız	[gazsız]	plate (adj)
gofret	[gofræt]	gaufre (f)
greypfrut	[græjpfrut]	pamplemousse (m)
hafif bira	[hafif bira]	bière (f) blonde
hamburger	[hamburgær]	hamburger (m)
hardal	[hardal]	moutarde (f)
havuç	[havutʃ]	carotte (f)
havyar	[havjar]	caviar (m)
hazır kahve	[hazır kahvæ]	café (m) soluble
hesap	[hæsap]	addition (f)
hindi	[hindi]	dinde (f)
Hindistan cevizi	[hindistan dʒævizi]	noix (f) de coco
horozmantarı	[horoz mantarı]	girolle (f)
hurma	[hurma]	datte (f)
iç	[itʃ]	garniture (f)
içme suyu	[itʃmæ suju]	eau (f) potable
iştah	[iʃtah]	appétit (m)
incir	[indʒir]	figue (f)
istiridye	[istiridʲæ]	huître (f)
jambon	[ʒambon]	jambon (m)
köfte	[køftæ]	boulette (f)
köpek balığı	[køpæk balı:]	requin (m)
köygöçüren mantarı	[køjgytʃuræn mantarı]	oronge (f) verte
kürdan	[kyrdan]	cure-dent (m)
kırıntı	[kırıntı]	miette (f)
kırmızı şarap	[kırmızı ʃarap]	vin (m) rouge
kırmızı biber	[kırmızı bibær]	poivre (m) rouge
kırmızı frenk üzümü	[kırmızı frænk juzymy]	groseille (f) rouge
kırmızı yabanmersini	[kırmızı jaban mærsini]	airelle (f) rouge
kırmızıbiber	[kırmızı bibær]	paprika (m)
kıyma	[kıjma]	farce (f)
kızılcık	[kızıldʒık]	canneberge (f)
kızartılmış	[kızartılmıʃ]	frit (adj)
kaşık	[kaʃık]	cuillère (f)
kabak	[kabak]	potiron (m)
kabuk	[kabuk]	peau (f)
kadın garson	[kadın garson]	serveuse (f)
kadeh	[kadæ]	verre (m) à vin
kahvaltı	[kahvaltı]	petit déjeuner (m)
kahve	[kahvæ]	café (m)

kalamar	[kalamar]	calamar (m)
kalkan	[kalkan]	flet (m)
kalori	[kalori]	calorie (f)
karabuğday	[karabu:daj]	sarrasin (m)
karaciğer	[karadʒiær]	foie (m)
karanfil	[karanfiʎ]	clou (m) de girofle
karbonhidratlar	[karbonhidratlar]	glucides (m pl)
karides	[karidæs]	crevette (f)
karnabahar	[karnabahar]	chou-fleur (m)
karpuz	[karpuz]	pastèque (f)
kavak mantarı	[kavak mantarı]	bolet (m) orangé
kavun	[kavun]	melon (m)
kayısı	[kajısı]	abricot (m)
kaymaklı kahve	[kajmaklı kahvæ]	cappuccino (m)
kaz	[kaz]	oie (f)
kek, pasta	[kæk], [pasta]	tarte (f)
kereviz	[kæræviz]	céleri (m)
kişniş	[kiʃniʃ]	coriandre (m)
kiraz	[kiraz]	merise (f)
kivi	[kivi]	kiwi (m)
kokteyl	[koktæjʎ]	cocktail (m)
konserve	[konsærvæ]	conserves (f pl)
konserve açacağı	[konsærvæ atʃadʒaı]	ouvre-boîte (m)
konyak	[koɲjak]	cognac (m)
koyun eti	[kojun æti]	du mouton
krema	[kræma]	crème (f) au beurre
kuşkonmaz	[kuʃkonmaz]	asperge (f)
kuru	[kuru]	sec (adj)
kuru üzüm	[kuru juzym]	raisin (m) sec
kuzu mantarı	[kuzu mantarı]	morille (f)
lâpa	[ʎapa]	bouillie (f)
lahana	[ʎahana]	chou (m)
langust	[laɲust]	langoustine (f)
likör	[likør]	liqueur (f)
limon	[limon]	citron (m)
limonata	[limonata]	limonade (f)
mısır	[mısır]	maïs (m)
mısır	[mısır]	maïs (m)
mısır gevreği	[mısır gævræi]	pétales (m pl) de maïs
maden	[madæn]	pétillante (adj)
maden suyu	[madæn suju]	eau (f) minérale
makarna	[makarna]	pâtes (m pl)
mandalina	[mandalina]	mandarine (f)
mango	[maɲo]	mangue (f)
mantar	[mantar]	champignon (m)
margarin	[margarin]	margarine (f)
marmelat	[marmælat]	marmelade (f)
maydanoz	[majdanoz]	persil (m)
mayonez	[majonæz]	sauce (f) mayonnaise
menü	[mæny]	carte (f)
mercimek	[mærdʒimæk]	lentille (f)
mersin balığı	[mærsin balı:]	esturgeon (m)

meyve	[mæjvæ]	fruit (m)
meyve suyu	[mæjvæ suju]	jus (m)
meyve, yemiş	[mæjvæ], [jæmiʃ]	baie (f)
meyveler	[mæjvælær]	fruits (m pl)
morina balığı	[morina balı:]	morue (f)
mutfak	[mutfak]	cuisine (f)
muz	[muz]	banane (f)
nar	[nar]	grenade (f)
omlet	[omlæt]	omelette (f)
pancar	[pandʒar]	betterave (f)
papaya	[papaja]	papaye (f)
parça	[partʃa]	morceau (m)
patates	[patatæs]	pomme (f) de terre
patates püresi	[patatæs pyræsi]	purée (f)
patlıcan	[patlıdʒan]	aubergine (f)
peynir	[pæjnir]	fromage (m)
pişmiş	[piʃmiʃ]	cuit à l'eau (adj)
pirinç	[pirintʃ]	riz (m)
pisi balığı	[pisi balı:]	flétan (m)
pizza	[pizza]	pizza (f)
porsiyon	[porsijon]	portion (f)
portakal	[portakal]	orange (f)
portakal suyu	[portakal suju]	jus (m) d'orange
proteinler	[protæinlær]	protéines (f pl)
reçel	[rætʃæʎ]	confiture (f)
reçel, marmelat	[rætʃæʎ], [marmælat]	confiture (f)
rejim, diyet	[ræʒim], [dijæt]	régime (m)
ringa	[riŋa]	hareng (m)
rom	[rom]	rhum (m)
süt	[syt]	lait (m)
süt kaymağı	[syt kajmaı]	crème (f)
sütlü kahve	[sytly kahvæ]	café (m) au lait
sütlü kokteyl	[sytly koktæjʎ]	cocktail (m) au lait
sığır eti	[sı:r æti]	du bœuf
sıcak	[sıdʒak]	chaud (adj)
safran	[safran]	safran (m)
sahanda yumurta	[sahanda jumurta]	les œufs brouillés
sakız kabağı	[sakız kabaı]	courgette (f)
sakız, çiklet	[sakız], [tʃiklæt]	gomme (f) à mâcher
salça, sos	[saltʃa], [sos]	sauce (f)
salata	[salata]	salade (f)
salatalık	[salatalık]	concombre (m)
sandviç	[sandvitʃ]	sandwich (m)
sarımsak	[sarımsak]	ail (m)
sardalye	[sardaʎ'æ]	sardine (f)
sazan	[sazan]	carpe (f)
sebze	[sæbzæ]	légumes (m pl)
sinek mantarı	[sinæk mantarı]	amanite (f) tue-mouches
sirke	[sirkæ]	vinaigre (m)
siyah çay	[sijah tʃaj]	thé (m) noir
siyah biber	[sijah bibær]	poivre (m) noir
siyah bira	[sijah bira]	bière (f) brune

siyah frenk üzümü	[sijah fræŋk juzymy]	cassis (m)
siyah kahve	[sijah kahvæ]	café (m) noir
soğan	[soan]	oignon (m)
soğuk	[souk]	froid (adj)
soğuk meşrubat	[sojuk mæʃrubat]	rafraîchissement (m)
som balığı	[som balı:]	saumon (m)
som, somon	[som], [somon]	saumon (m) atlantique
sosis	[sosis]	saucisse (f)
soya	[soja]	soja (m)
spagetti	[spagætti]	spaghettis (m pl)
su	[su]	eau (f)
sucuk, sosis	[sudʒuk], [sosis]	saucisson (m)
susam	[susam]	sésame (m)
tütsülenmiş jambon	[tytsylænmiʃ ʒambon]	cuisse (f)
tütsülenmiş, füme	[tytsylænmiʃ], [fymæ]	fumé (adj)
tabak	[tabak]	assiette (f)
tahıl, tane	[tahıl], [tanæ]	grains (m pl)
tahıllar	[tahıllar]	céréales (f pl)
tane	[tanæ]	gruau (m)
tarçın	[tartʃın]	cannelle (f)
tat	[tat]	goût (m)
tatlı	[tatlı]	sucré (adj)
tatlı	[tatlı]	dessert (m)
tatlı su levreği	[tatlı su lævræi]	perche (f)
tatlı, lezzetli	[tatlı], [læzzætlı]	bon (adj)
tavşan eti	[tavʃan æti]	lapin (m)
tavuk eti	[tavuk æti]	poulet (m)
taze meyve suyu	[tazæ mæjvæ suju]	jus (m) pressé
tereyağı	[tæræjaı]	beurre (m)
tirbuşon	[tirbyʃon]	tire-bouchon (m)
ton balığı	[ton balı:]	thon (m)
turşu	[turʃu]	mariné (adj)
turna balığı	[turna balı:]	brochet (m)
turp	[turp]	radis (m)
tuz	[tuz]	sel (m)
tuzlu	[tuzlu]	salé (adj)
ufak kek	[ufak kæk]	gâteau (m)
un	[un]	farine (f)
uskumru	[uskumru]	maquereau (m)
uzunlevrek	[uzunlævræk]	sandre (f)
vejetaryen	[vædʒætariæn]	végétarien (adj)
vejetaryen kimse	[vædʒætariæn kimsæ]	végétarien (m)
vermut	[værmut]	vermouth (m)
vişne	[viʃnæ]	cerise (f)
viski	[viski]	whisky (m)
vitamin	[vitamin]	vitamine (f)
votka	[votka]	vodka (f)
yılan balığı	[jılan balı:]	anguille (f)
yağ	[ja:]	lard (m)
yağlar	[ja:lar]	lipides (m pl)
yaban mersini	[jaban mærsini]	myrtille (f)
yabani çilek	[jabani tʃilæk]	fraise (f) des bois

yayın	[jajın]	silure (m)
yeşil çay	[jæʃiʎ ʧaj]	thé (m) vert
yeşil salata	[jæʃiʎ salata]	laitue (f), salade (f)
yeşillik	[jæʃiʎik]	verdure (f)
yemek	[jæmæk]	plat (m)
yemek	[jæmæk]	nourriture (f)
yemek kaşığı	[jæmæk kaʃı:]	cuillère (f) à soupe
yemek tarifi	[jæmæk tarifı]	recette (f)
yemişler	[jæmiʃler]	baies (f pl)
yengeç	[jæŋæʧ]	crabe (m)
yenir mantar	[jænir mantar]	champignon (m) comestible
yerfıstığı	[jærfıstı:]	cacahuète (f)
yoğunlaştırılmış süt	[jounlaʃtırılmıʃ syt]	lait (m) condensé
yoğurt	[jourt]	yogourt (m)
yulaf	[julaf]	avoine (f)
yumurta	[jumurta]	œuf (m)
yumurta akı	[jumurta akı]	blanc (m) d'œuf
yumurta sarısı	[jumurta sarısı]	jaune (m) d'œuf
yumurtalar	[jumurtalar]	les œufs
zehirli mantar	[zæhirli mantar]	champignon (m) vénéneux
zencefil	[zændʒæfiʎ]	gingembre (m)
zeytin	[zæjtin]	olives (f pl)
zeytin yağı	[zæjtin jaı]	huile (f) d'olive